AUS FRANKEN NACH OSTSACHSEN UND IN DIE USA

Aus Franken nach Ostsachsen und in die USA

Zur Familiengeschichte Gnauck

Uwe Fiedler
Bischofswerda, 2022

Impressum

© 2022 Dr. Uwe Fiedler, Bischofswerda, 1. Auflage
Redaktionsschluss: 25. November 2022

Das vorliegende Werk stellt eine Forschungsarbeit im Sinne gemeinnütziger Heimatforschung dar. Der Autor verfolgt kein Gewinnstreben.

Umschlagsgestaltung, Layout, Satz: Dr. Uwe Fiedler, Bischofswerda
Foto Umschlag: Blick von Großdrebnitz über Kleindrebnitzer Flur und das Tal der Wesenitz bis nach Goldbach
Abbildungen: Fotos Dr. Uwe Fiedler: Umschlag, 8, 9, 10, 11, 12, 13, 15, 27; heimatkundliches Archiv Frank Fiedler: 16, 21, 22; Familienarchiv Brunhilde Fiedler: 25, 28, 30, 32, 34; Wikimedia Commons: 37, 38, 40, 41, 51; Deutsche Fotothek Dresden: 18; San Francisco Call: 47, 48; Afranisches Ecce: 46: Wisconsin alumnus: 53; The Arrow: 55; Kristi Evans: 56

Herstellung und Verlag: BoD – Books on Demand, Norderstedt
ISBN 978-3-7568-2925-5
Die Deutsche Nationalbibliothek verzeichnet diese Publikation in der Deutschen Nationalbibliografie; detaillierte bibliografische Daten sind im Internet über dnb.d-nb.de abrufbar.

Inhaltsverzeichnis

Die Herkunft des Familiennamens Gnauck

Ein fränkischer Name in Ostsachsen

Die Herkunft des Familiennamens „Gnauck" wurde in der Wissenschaft lange als sorbisch bestimmt.[1] Man hatte eine auffällige Häufung zwischen Dresden und Bautzen beobachtet und auch Ableitungen von sorbischen Begriffen schienen möglich. Infrage sollten „genuoc", sorabisiert aus genug oder hinreichend, beziehungsweise „gnev" (der Zornige) kommen. Dies würde in der Konsequenz bedeuten, dass man „Gnauck" als ursprünglich sorbischen Familiennamen vor allem in originär sorbischen Siedlungsgebieten vermuten würde. Genauere Untersuchungen zeigen stattdessen, dass sich „Gnauck" auch direkt aus einem deutschen Wort ableiten lässt und dass der Verbreitungsschwerpunkt dieses Familiennamens viel enger zu fassen ist und zudem in einem ostsächsischen Gebiet mit minimaler sorbischer Ursprungsbesiedlung liegt.

Das Deutsche Wörterbuch der Gebrüder Jacob und Wilhelm Grimm leitet „gnauken" aus dem Unterfränkischen für „bejahend nicken" bzw. „beim Einschlafen im Sitzen den Kopf sinken lassen" ab. „Naucken", „nauggen", „gnaug(g)en" und „knaucken" sind in diesem Sinne Synonyme.

Untersuchungen zur regionalen Verbreitung des Familiennamens „Gnauck" verweisen systematisch auf eine Konzentration im Raum Bischofswerda. Zudem gibt es Hinweise auf eine noch größere relative Häufigkeit in den unmittelbar zu Bischofswerda benachbarten Ortschaften Goldbach, Weickersdorf und Kleindrebnitz:

1. In der Datenbank der Kirche „Jesu Christi der Heiligen der Letzten Tage" fand der Autor im Jahre 2008 bei 549 historischen Datensätzen mit einem Namensträger „Gnauck" und einer Ortsangabe für Deutschland 406 Datensätze mit einem Bezug auf Bischofswerda oder Dörfer innerhalb eines Umkreises mit einem Radius von 5 km (Goldbach, Schönbrunn, Klein- und Großdrebnitz, Geißmannsdorf, Schmölln, Weickersdorf, Belmsdorf, Pickau).

2. Eine Adressbuchanalyse für das Jahr 1899 erbringt für Goldbach 4, Weickersdorf 4 und Kleindrebnitz 2, also insgesamt 10 Haushalte mit dem Namen „Gnauck".[2] In dem mehrfach größeren Bischofswerda finden sich 21, weiter nach Osten in dem noch größeren Bautzen 5 und in Görlitz 0

1 Meyers Lexikon online, 2009

2 Adreßbuch des Bezirkes der Kgl. Amtshauptmannschaft Bautzen, 1899

Haushalte „Gnauck". In dem noch viel größeren Dresden im Westen werden für jenes Jahr auch nur 26 Haushalte „Gnauck" aufgeführt, in den beiden anderen sächsischen Großstädten Chemnitz (7) und Leipzig (4) deutlich weniger. Um 1850 hatte es selbst in Dresden erst einen Adressbuch-Eintrag „Gnauck" gegeben.

3. In einem Adressverzeichnis der landwirtschaftlichen Güter Sachsens[3] mit mindestens 15 ha aus dem Jahre 1925 finden sich unter den etwa 15000 Eigentümern/Pächtern/Verwaltern 16 Namensträger Gnauck, davon 2 in Goldbach, 2 in Weickersdorf, 3 in Kleindrebnitz, 2 in Frankenthal und 1 in Rammenau.

Wegen der offensichtlichen Häufung des Familiennamens „Gnauck" in so einem kleinen Gebiet wie dem Bischofswerdaer Land, das kein originäres sorbisches Siedlungsgebiet darstellt, sondern gekennzeichnet ist durch Waldhufendörfer wie Goldbach, Weickersdorf, Groß- und Kleindrebnitz und Frankenthal, wie sie von den deutschen Ostsiedlern, darunter vor allem aus Franken, im späten Mittelalter angelegt wurden, ist eine sorbische Herkunft des Namens „Gnauck" äußerst unwahrscheinlich. Und je weiter man mit den Analysen zeitlich zurückgeht, umso mehr

verfestigt sich diese Tendenz. Das Phänomen, dass ein Familienname mit fränkischen Wurzeln so stark auf ein kleines Gebiet in Sachsen konzentriert ist, lässt sich durch die zeitlichen Abläufe erklären. Ein Großteil der fränkischen Ostsiedler kam im frühen 13. Jahrhundert zur Zeit von Bischof Bruno II. in das Bischofswerdaer Land, die Zuweisung von Familiennamen begann später unter Bischof Withego I. zum Ende des 13. Jahrhunderts.

Die deutsche Ostsiedlung im Bischofswerdaer Land

<u>Sorbische Besiedlung entlang der Wesenitz von Bischofswerda bis Stolpen</u>

Zu Beginn der deutschen Ostexpansion und Ostsiedlung vom 10. bis 13. Jahrhundert lebten auf dem Territorium des heutigen Sachsens an der Elbe und der Spree Sorben, die Nisaner und Milzener. Politisch standen Nisan und Milska, das als Keimzelle der heutigen Oberlausitz gilt, in der Folge unter dem Einfluss konkurrierender Ansprüche von weltlichen und geistlichen Herrschern in Meißen, der deutschen Zentralgewalt, aber auch der expansiven Bestrebungen von Polen und Böhmen. Das Territorium zwischen den sorbischen Hauptsiedelgebieten an Elbe und Spree war nur dünn bewohnt. Der Gau Nisan umfasste Gebiete südlich und östlich von Meißen. Nicht zu Nisan, sondern zum Gau Milska (Pagus Budessin) gehörte

---

3   Landwirtschaftliches Adreßbuch der Güter und Wirtschaften im Freistaat Sachsen, 1925

Die Wesenitz trennt Goldbach im Norden von Weickersdorf im Südosten und Kleindrebnitz im Südwesten (Blick nach Süden).

Stolpen, das aber unmittelbar an der Grenze zu Nisan gelegen war. Ebenso ist Bischofswerda mit den westlich gelegenen Goldbach, Weickersdorf und Kleindrebnitz Milska und damit der heutigen Oberlausitz zuzurechnen. Dies wird durch völkerkundliche Aspekte, beispielsweise die geografische Verteilung der Hauptsiedlungsformen in der Region, aber auch durch naturtopographische Untersuchungen gestützt.[4,5]

Die Wesenitz verlief von der Quelle bis Bischofswerda entlang der westlichen Grenze des slawischen Kernsiedelgebiets um Bautzen. Nach Stolpen als westlichen Vorposten Milskas gab es sicher eine Wegeverbindung, die in ihrem Verlauf vermutlich ab Bischofswerda der Wesenitz folgte. Die unmittelbar am Wesenitzlauf gelegenen Gebiete waren nicht völlig menschenleer.[6]

4   Alfred Hennig: „Die Dorfformen Sachsens". 1912
5   Karlheinz Blaschke: „Oberlausitz"

(sorabicon.de)
6   Roland Paeßler: „Chronik von Bühlau und seiner Umgebung". Fa. Seifert (Hrsg.), 2008, 116 S.

Durch eine slawische Besiedlung ist der sorbische Ursprung des Namens „Drewenitz" (für Drebnitz) als „Ort im/am Wald"[7] zu erklären. Die natürliche Fischfauna der Wesenitz sicherte die Ernährung der zahlenmäßig wenigen Sorben.[8] Um 969 errichtete Meißens Bischof Burchard an der Wesenitz der Überlieferung nach in einem befestigten Flecken, dem heutigen Bischofswerda, eine Kapelle als Missionsstation. Die deutsche Ostexpansion jener Zeit war stark missionarisch geprägt, zivile Ostsiedler gab es kaum.

Es ist kaum vorstellbar, dass die relativ schnelle Unterwerfung der Milzener im 10. Jahrhundert möglich gewesen wäre, wenn die Deutschen erst hätten neue Wege durch den Urwald anlegen müssen. Für einen vorhandenen Weg entlang der Wesenitz sprechen die geringe Entfernung sorbischer Siedlungsgebiete nahe Stolpen bzw. Bischofswerda und dass die Wesenitz einer der bedeutendsten Wasserläufe vom westlichen Rand des Milzener-Kernlandes in Richtung Elbe ist. Die

Die Überquerung der Wesenitz zwischen Bischofswerda und Goldbach stellte wegen des sumpfigen Umlands zur Zeit der Ostsiedlung häufig eine Herausforderung dar.

Flächen um die naturbelassenen Wesenitzmäander westlich von Bischofswerda werden auch heute noch regelmäßig überflutet. Eine historische Wegeverbindung nach Stolpen verlief deswegen hier sicher in einigem Abstand, um das sumpfige Gebiet zu umgehen. Optimal geeignet erscheint das südliche Hinterland der Wesenitz, dass sich zwischen Bischofswerda und Weickersdorf sanft erhebt. Demnach könnte der heutige Straßenverlauf Bischofswerda–Weickersdorf–Kleindrebnitz–Bühlau den mittelalterlichen Gegebenheiten nahe kommen.

Deutsche Ansiedlungen im Westen von Bischofswerda

Das zwischen Bischofswerda und Stolpen liegende Territorium war anfangs dünn besiedelt (in den Randgebieten deutsche Erweiterungssiedelungen slawischer Dörfer) oder gar nicht bewohnt (deutsches Neusiedelgebiet). Die deutschen Ostsiedler

7   Heinz Schuster-Šewc: „Zur Lokalisierung der in der Schenkungsurkunde Heinrichs II. (1006) genannten drei Kastelle: Ostrusna, Trebista, Godobi". In: Letopis, Bd. 53, H. 2, 2006, S. 67–72
8   Frank Fiedler: „Zu den Veränderungen der Fischfauna in der ehemaligen Äschenregion der Wesenitz (1591–1989)". Sächsische Heimatblätter 2, Zeitschrift für sächsische Geschichte, Denkmalpflege, Natur und Umwelt, Verlag Klaus Gumnior Chemnitz, S. 127–133, 2003

Blick aus Richtung des ehemaligen „Trebnitzer Berges" im Südwesten von Bischofswerda über die überlieferte Fläche „Trebnitz" mit Weickersdorf und Großdrebnitz bis zu den Bergen vor Lauterbach.

legten die Dörfer typischerweise in Waldhufenform an. Die Ortschaften Goldbach (Goltbach) und Weickersdorf (Uikerisdorf) wurden offenbar von Neusiedlern angelegt. Bei Frankenthal (Frankintal) ist die Herkunft der Siedler bereits im Namen sichtbar.

Historisch ist eine Fläche „Trebnitz" /"Drebnitz"[9] überliefert, die sich vom „Trebnitzer Berg" im Südwesten von Bischofswerda (am heutigen Drebnitzer Weg) über die Dörfer Weickersdorf sowie Groß- und Kleindrebnitz weiter südwestlich bis an einen ebenfalls Trebnitzer Berg genannten Bergrücken vor Lauterbach erstreckte.[10] Entlang des „Trebnitzbaches" bzw. des Weickersdorfer Baches legten die

deutschen Ostsiedler, von der Wesenitz kommend, in südlicher Richtung Kleindrebnitz und Weickersdorf als Waldhufendörfer an.

1209 wurde Bruno II. Bischof von Meißen. Unter ihm kam 1218 Stolpen in den Besitz des Hochstifts Meißen. In Bautzen ließ er eine Kollegiatkirche errichten. Das Bautzener Stift festigte den Einfluss der Kirche in Milska. Zur Zeit von Bischof Bruno II. erreichte die Ostsiedlung im Bischofswerdaer Land ihren Höhepunkt. Die Gegend um Bischofswerda fand Anschluss an das überregionale Straßennetz. Die „Frankenstraße" stellte eine Verbindung her von Franken über Zwickau, von wo die Via Imperii nach Leipzig abzweigte, das Erzgebirge, Dresden bis nach Bautzen, wo sie auf die Via Regia traf. Ein Großteil der fränkischen Siedler kam in der Spätphase der deutschen Ostsiedlung sicher über diese Straße, die über den Goldbacher Berg führte, in das Bischofswerdaer Land.[11]

Das Gebiet um den Zusammenfluss des Drebnitzer und des Weickersdorfer Baches sowie der Einmündung von Süden in die Wesenitz wurde später großflächig für die Teichwirtschaft genutzt.[12]

9   Carl Julius Marloth: „Chronik von Groß- und Kleindrebnitz" (1504–1869)

10   Albert Schiffner: „Ueber die Oberlausitzische Grenzurkunde von 1213 (1228, 1241)". In: Neues Lausitzisches Magazin, Bd. 12, Görlitz 1834

11   Roland Paeßler: „Chronik von Bühlau und seiner Umgebung". Fa. Seifert (Hrsg.), 2008, 116 S.

12   Frank Fiedler: „Historische Teichwirtschaft im Raum Bischofswerda". Zwischen Wesenitz und Löbauer Wasser 3, Heimatblätter des Landkreises Bautzen, S. 41–49, 1998

Blick vom Goldbacher Kirchberg über das Tal des Wesenitz in Richtung Süden auf die Ausläufer des Oberlausitzer Berglands. Im halbrechten Teil des Bildhintergrundes ist der Rüdenberg zu sehen. Der Bildausschnitt umfasst im Wesentlichen die 1834 von Albert Schiffner beschriebene Fläche „Trebnitz": im mittleren Teil befinden sich die Ortschaften Weickersdorf sowie Groß- und Kleindrebnitz. Über den Goldbacher Berg verlief die Route der „Frankenstraße". Nördlich des Goldbacher Berges liegt Frankenthal, östlich, links außerhalb des Bildes, die Stadt Bischofswerda.

Bischofswerda – Stadt der Bischöfe

Bischofswerda war dem Namen nach früh zu einem Zentrum der bischöflichen Aktivitäten in Ostsachsen geworden. Die Meißner Bischöfe zeichneten nicht nur für die Missionierung der sorbischen Gebiete verantwortlich, sondern übten in großen Bereichen mit dem Hochstift auch die Landesherrschaft aus und warben Zuwanderer aus deutschen Altsiedelgebieten an.

Eine seinerzeit große Bedeutung von Bischofswerda (Biscofiswerde), auch im Vergleich zu Stolpen, lässt sich aus der Ersterwähnung im Jahre 1227 als Gerichtsort von Bruno II. (Bischof 1209–1228) schließen.[13] Die Gründung Bischofswerdas erfolgte

also sicher nicht als Nebengebiet zu Stolpen, zu dessen Amtsbereich es später gehörte. Vermutlich begann der Aufstieg schon zur Zeit von Benno (Bischof 1066–1106). Als sich Hieronymus Emser, Geheimschreiber und Kaplan im Dienste von Herzog Georg, im frühen 16. Jahrhundert in dessen Auftrag um eine Heiligsprechung Bennos bemühte, sammelte er auf Reisen durch Sachsen und Böhmen vor Ort Nachrichten über den Bischof. Nach Emser soll Benno 1076 in Bischofswerda eine Kirche erbaut haben, die er reichhaltig mit Reliquien ausstattete und die zum Wallfahrtsort wurde, und den Ort zur Stadt erhoben haben.

Wegen der wachsenden Bevölkerungszahl mussten im Bistum Meißen neue Verwaltungsstrukturen eingeführt werden. Die große Bedeutung von Bischofswerda widerspiegelt sich

---

13   Karl Wilhelm Mittag: „Chronik der königlich sächsischen Stadt Bischofswerda". May Bischofswerda, 1861

Das Wappen von Bischofswerda (Wesenitzbrücke an der Herrmannstraße) verweist auf die historische Bedeutung der Meißener Bischöfe für die Stadt.

darin, dass es Sitz eines Erzpriesters wurde, der nicht nur für Bischofswerda zuständig war, sondern auch die umliegenden Gemeinden Hauswalde, Großröhrsdorf, Rammenau und Frankenthal im Nordwesten, Burkau, Uhyst und Pohla im Nordosten, Drebnitz, Rückersdorf und Harthau im Westen, Schmölln im Osten sowie im Süden Putzkau, Ottendorf und bei Schluckenau die Gemeinden Kaiserswalde, Königswalde, Röhrsdorf und Rosenhain beaufsichtigte.[14]

Im Zusammenhang mit der herausgehobenen Bedeutung von Bischofswerda ist auch die lange während Diskussion um die Lokalisierung des im Jahre 1007 ersterwähnten Kastells Trebista zu sehen.[15] Der Autor argumentiert mit Hinweis auf die fehlende Ableitbarkeit des Ortsnamens aus Trebista bzw. die nicht vorhandene strategische Lage gegen die lange als aussichtsreiche Kandidaten gehandelten Doberschau bzw. Groß-/Kleindrebnitz. Für Bischofswerda sprechen stattdessen neben der großen Bedeutung der Stadt für die Meißener Bischöfe im Mittelalter die strategische Lage an einer Wesenitzbiegung mit einem sumpfigen Umlaut und Hinweise auf eine große, zunächst unerschlossene Fläche „Trebnitz" im Westen der Stadt, die sich über Weickersdorf und Kleindrebnitz erstreckte. Ausgangspunkt dieser Fläche und damit mögliche Lokalisierung des Kastells Trebista wäre demnach die Anhöhe des heutigen „Drebnitzer Weges", die ca. 40 Meter über dem Flusslauf der Wesenitz gelegen ist.

Zur Vergabe der Familiennamen

Zur Zeit der deutschen Ostsiedlung war das Tragen von Familiennamen noch nicht üblich. Die Zuweisung von Beinamen zu den Rufnamen begann zur Zeit von Bischof Withego I. im späten 13. Jahrhundert. Zum Ende

14   Ernst Friedrich Moritz Tobias: „Das gute Recht der evangelischen sächsischen Lausitz auf Einführung des Ephoral-Instituts". Neues lausitzisches Magazin, 1866

15   Uwe Fiedler: „Die deutsche Ostsiedlung zwischen Elbe und Spree. Bischofswerda, Trebista und die Wesenitz", 2017 (archive.org)

des 14. Jahrhunderts hatten sich in Bischofswerda reguläre Familiennamen durchgesetzt, beispielsweise bei den Bürgermeistern Heinemann Merckel und Herrmann Pucher.[16] Die standardmäßige Vererbbarkeit der Familiennamen entwickelte sich bis in das 15. Jahrhundert. Aber noch im 17. Jahrhundert gab es Änderungen in der Schreibweise.[17] Neben den Namen der Väter (anfangs), Berufen und Ortsbezeichungen gehörten Übernamen aus persönlichen Eigenschaften (siehe „Kraushaar") zu den bevorzugten Quellen der Beinamen.

Da es sich beim „Gnauken" um ein sehr persönliches Merkmal handelt, ist der Übername „Gnauck" vermutlich anfangs nur einmal vergeben worden. Alle Namensträger wären demnach Nachfahren eines fränkischen Einwanderers in die Region um Bischofswerda. Möglicherweise spielten aber auch Nachahmungen auf der Grundlage eines ähnlich klingenden sorbischen Wortes beim Entstehen paralleler Linien eine Rolle. Zudem müssen die benannte Person („Gnauck") und die benennende (für die das „Gnaucken" ein Begriff war) nicht zwangsläufig den selben regionalen Hintergrund besessen haben.

Bischofswerda behielt seine herausgehobene Bedeutung für die Meißener Bischöfe bis in die Zeit von Withego I. (Bischof 1266–1293) zum Ende der deutschen Ostsiedlung, als das Tragen von Familiennamen noch nicht allgemein üblich war. In jener Zeit, im späten 13. Jahrhundert, wurde von Withego I. die Fronfeste (links) am westlichen Stadtrand von Bischofswerda errichtet.

---

16   Michsel Pusch, Christian Heckel: „Historische Beschreibung der Stadt Bischoffswerda". 1713

17   Georg Pilk: „Die Einwohnerschaft Bischofswerda's und seiner Besitzdörfer im Jahre 1661". Unsere Heimat, Beilage zum Sächsischen Erzähler, 6.2.1925

Die Gnaucks in den Waldhufendörfern Goldbach, Weickersdorf und Kleindrebnitz

Erste Nachweise nach 1550

Der erste Nachweis eines Vorfahrens der Familie Gnauck in der Gegend um Bischofswerda fällt in das 16. Jahrhundert. Ein Mertten Nauck ist erstmals 1559 in Goldbach anlässlich der Übernahme der Stolpener Amtsdörfer durch das Kurfürstentum Sachsen dokumentiert.[1] Er besaß eine Hufe und vier Ruten Land. Außer bei jenem Nauck trat damals kein vergleichbarer Name in den Amtsdörfern bei Bischofswerda auf. Allerdings hatte es offenbar schon zuvor in Goldbach einen Gutsbesitzer Simon Gnauck gegeben, dessen Nachbesitzer 1559 erwähnt wird.

1590 findet sich in Weickersdorf ein Gutsbesitzer Christoff Naugk.[2] In Goldbach besaß 1610 ein Hans Gnauck das Lehngericht. Offenbar fand um das Jahr 1600 ein Namenswechsel von Nauck (Naugk) zu Gnauck statt. Um 1600 werden die Gnaucks als bedeutende Familie auf einem der größten Bauerngüter von

Kleindrebnitz erwähnt.[3] Ein Martin Gnauck war Salz- und Landfuhrmann bis nach Leipzig und Breslau. Dieses finanziell lukrative Nebengewerbe stellte seinerzeit aber auch eine große Herausforderung dar.

Die eng benachbarten Dörfer Goldbach, Weickersdorf und Kleindrebnitz waren seinerzeit sehr klein: Goldbach mit einer Flurgröße von 14 Hufen und 29 „besessenen Mann", Weickersdorf mit 4,5 Hufen und 17 Mann und Kleindrebnitz mit 12 Hufen und 16 Mann.[4] Getrennt werden sie durch den Lauf der Wesenitz, Goldbach liegt nördlich, Weickersdorf im Südosten und Kleindrebnitz im Südwesten. Auch die benachbarten Ortschaften im Norden von Goldbach gehörten früh zum Verbreitungsgebiet der Gnaucks (Frankenthal im Nordwesten, Rammenau und Burkau im Nordosten).

Durch eine große Kinderzahl sowie eine überdurchschnittliche Überlebensrate verbreiteten sich die

1   Georg Pilk: „Die Amtsdörfer bei Bischofswerda". Unsere Heimat, Beilage zum Sächsischen Erzähler, 9.6.1925
2   Sächsischer Erzähler, 7.10.1905, bzgl. Richterbuch von Weickersdorf seit 1559, von Karl Otto Gnauck dem Dorfarchiv übergeben

3   Richard Garbe: „Vorarbeiten für eine Dorfchronik von Großdrebnitz". Unsere Heimat, Beilage zum Sächsischen Erzähler, 11.4./18.4.1938
4   Georg Pilk: „Die Amtsdörfer bei Bischofswerda". Unsere Heimat, Beilage zum Sächsischen Erzähler, 9.6.1925

Zur Geschichte der Erbgerichte

Die Richterfamilien in den neu besiedelten deutschen Ostgebieten waren häufig die Nachfahren von Lokatoren, also der Treckführer. Ihnen oblag die Ortsgründung im neu erschlossenen Gebiet, sie wirkten als Dorfoberhäupter und sie organisierten den weiteren Siedlungsausbau. Dafür wurden ihnen bestimmte Fronleistungen erlassen, in Kleindrebnitz, wo das Erbgericht um 1490 erstmals nachgewiesen ist, beispielsweise Handarbeitsdienste. Neben der niederen Gerichtsbarkeit erhielten sie als Privilegien auch Schank- und Fischereirechte.

Die Richter besaßen in den lange bischöflichen, dann kurfürstlichen Stolpener Amtsdörfern eine besonders einflussreiche Stellung. Die Ortschaften unterstanden keiner lokalen Feudalherrschaft und die Amtsverwalter von Stolpen fungierten als unmittelbare Vertreter der Landesherren. Sie übten aber lediglich eine Kontrollfunktion aus und führten Gerichtstage durch, ansonsten ließen sie den Ortsrichtern weitestgehend freie Hand, die zudem zwischen Bevölkerung, staatlichen und kirchlichen Autoritäten vermittelten. Eine weitere Besonderheit in den Stolpener Amtsdörfern bestand in der dort häufig anzutreffenden Vererbbarkeit des Richteramtes, weswegen im Unterschied zu den Lehnrichtern, deren Amt nach dem Tod des Inhabers neu beantragt werden musste,

Die Kirchgemeinde Goldbach mit Weickersdorf war vermutlich Ausgangspunkt und ab 1600 Zentrum der Verbreitung der Oberlausitzer Familie Gnauck.

Gnaucks in der Umgebung von Goldbach außerordentlich schnell. In der Kirchgemeinde Goldbach, zu der auch Weickersdorf gehörte, bestanden Ende des 16. Jahrhunderts bereits vier Stammlinien. Zwischen 1604 und 1712 sind im Taufregister 95 Geburten von Familienmitgliedern verzeichnet.[5]

---

5   Roland Paeßler: „Die Erbrichter in der Umgebung von Bischofswerda". Aus mehreren unveröffentlichten Texten des Autors zusammengestellt und bearbeitet von Dr. Uwe Fiedler. Schiebocker Landstreicher, H. 3, 2008

Siegel des Erbgerichts Kleindrebnitz.

es dort vermehrt Erbrichter gab. Seit dem 16. Jahrhundert wurden zudem die vormaligen Erblehngerichte durch „Allodifizierung" in persönliches Eigentum umgewandelt. Es entstanden Erbgerichte.[6]

In Goldbach ist 1732 ein Thomas Gnauck als Ortsrichter im Zusammenhang mit einer Auseinandersetzung mit der Herrin auf Großharthau, Charlotte von Flemming, nachgewie-

sen.[7] Im 18. Jahrhundert war ein Andreas Gnauck Freirichter in Weickersdorf und damit der Vorsitzende des dörflichen Schöppengerichts.

Die Erbrichter waren um eine „gute Verheiratung" der weichenden Erben bemüht. Häufig handelte es sich bei den Ehepartnern um die Kinder anderer Richterfamilien aus den umliegenden Amtsdörfern. Die regionalen Erbgerichtsfamilien bildeten einen regelrechten Ahnenverbund. Die Gnaucks waren beispielsweise vielfach mit den Klahres verwandt, die lange Weickersdorf, Belmsdorf und Großdrebnitz vorstanden. Auch die Erbgerichtsfamilien Hartmann (Weickersdorf), Steglich (Großdrebnitz) und Paeßler (Belmsdorf) gehörten zum Familienverbund.

Der Weickersdorfer und der Kleindrebnitzer Zweig der Familie Gnauck seit dem 18. Jahrhundert

Seit etwa 1600 waren sowohl in Weickersdorf als auch in Kleindrebnitz Familienangehörige der Gnaucks ansässig. Der genaue Ablauf der Ansiedelung, vermutlich von Goldbach aus, ist nicht mehr sicher zu rekonstruieren.

Mitte des 18. Jahrhunderts erlosch der ursprüngliche Kleindrebnitzer Zweig der Familie Gnauck. Ein Johann George Klahre, später Erbrichter in

---

6   Roland Paeßler: „Die Erbrichter in der Umgebung von Bischofswerda". Aus mehreren unveröffentlichten Texten des Autors zusammengestellt und bearbeitet von Dr. Uwe Fiedler. Schiebocker Landstreicher, H. 3, 2008

7   Sächsisches Staatsarchiv Dresden, 10084 Appellationsgericht

Großdrebnitz, hatte die Erbin Anna Elisabeth Gnauck geheiratet. 1768 brannte das südlich der Mühle gelegene Gnauck'sche Stammgut in Kleindrebnitz ab. Das benachbarte Beigut (Nr. 24, spätere Nr. 9) diente in der Folgezeit als Familiengut.[8]

Ausgehend von dem Weickersdorfer Bauern und Salzfuhrmann Martin Gnauck (1681–1758) auf dem dortigen Stammgut Nr. 2 entwickelten sich zwei Familienzweige, die über Generationen das Leben in Weickersdorf und Kleindrebnitz prägen sollten.[9]

Mit der sächsischen Landgemeindeordnung des Jahres 1838 und der Wahl von Gemeindevorständen ging die administrative Bedeutung der Erbrichter verloren, ihre Autorität und ihren Einfluss behielten sie aber noch lange danach. Häufig wirkten Angehörige der Erbrichterfamilien sowie Mitglieder alteingesessener Bauernfamilien, so auch der Gnaucks in Weickersdorf und Kleindrebnitz, als Gemeindevorstände, Ortsrichter bzw. Friedensrichter oder auch als Schöffen am Amtsgericht in Bischofswerda bzw. am Schwurgericht in Bautzen. Die Erbgerichte blieben ein Zentrum des dörflichen Lebens.

Der Weickersdorfer Zweig

In Weickersdorf besaßen die Söhne von Martin Gnauck das Gut Nr. 14 (Andreas Gnauck, gestorben 1772) und weiterhin das dortige Stammgut (Nr. 2). Die Besitzer des Stammguts wirkten über mehrere Generationen zudem als Gerichtsschöppen und Salzfuhrleute, so Christoph Gnauck (1725–1763), Adam Gottlieb Gnauck (1753–1813) sowie dessen Bruder Johann Christoph Gnauck (1756–1813, zwischenzeitlich Gut Nr. 14/späteres Gut „Gerth") und Carl Christoph Gnauck (1791–1865).[10]

Carl Christoph Gnauck (*1791 Weickersdorf, †27.5.1865) war Gemeindevorstand in Weickersdorf um 1850. Im Jahre 1848 hatte er im Auftrag der Gutsbesitzer des Dorfes die Vereinbarung über die Ablösung „der in das Kammergut Rennersdorf zu leistenden Fronen und zu dem Justiz- und Rentamt Stolpen zu entrichtenden Naturalzinsen und zu leistenden Dienste" ausgehandelt.[11] 1854 beteiligte sich Weickersdorf unter seiner Leitung an einer Spendenaktion zugunsten des Rettungsheims in Auerbach.[12] Neben seiner Landwirtschaft auf dem Stammgut besaß Carl Christoph Gnauck Fische-

8   Bruno Barthel: „Altes und Neues aus Groß- und Kleindrebnitz". 1907
9   Roland Paeßler: „Die Erbrichter in der Umgebung von Bischofswerda". Aus mehreren unveröffentlichten Texten des Autors zusammengestellt und bearbeitet von Dr. Uwe Fiedler. Schiebocker Landstreicher, H. 3, 2008

10   Roland Paeßler: „Anmerkungen bei Einsicht alter Unterlagen im Hof Nr. 8 Weickersdorf". Zusammenstellung an Frank Fiedler übergeben
11   Sächsisches Staatsarchiv Dresden, 10002 Finanzverwaltung
12   Leipziger Zeitung, 8.2.1854

Stammgut des Weickersdorfer Zweigs der Familie Gnauck (Nr. 2, Foto Henrik Ahlers, Deutsche Fotothek, CC BY-SA 4.0).

reirechte in der Wesenitz. Über seine Ehefrau, Christiane Caroline geb. Beyer, bestand laut Forschungen von Roland Paeßler ein Ahnenverbund mit der Familie von Friedrich Bayer, des Gründers der Bayer AG (Wechsel der Namensschreibweise 30.8.1849).[13]

Karl Julius Gnauck (*Mai 1826 Weickersdorf, †21.9.1905 Weickersdorf), ein Sohn von Carl Christoph Gnauck,

war mit Auguste Wilhelmine Berge aus Bühlau verheiratet, wo auch ihr erstes Kind geboren wurde. 1856 gehörte er zu den Mitbegründern des Vereins „Casino junger Landwirthe".[14] Karl Julius Gnauck wirkte von 1869 bis mindestens 1894 als Gemeindevorstand von Weickersdorf[15] sowie viele Jahre als Ortsrichter. Anlässlich seines 25-jährigen Amtsjubiläums ernannten ihn der Militärverein und der Gesangverein zum Ehrenmitglied. Karl Julius Gnauck vereinigte das

---

13   Roland Paeßler: „Ahnenverbund zwischen Friedrich Bayer, Gründer der Bayer AG, Carl Gottlieb Wustmann, Erbauer der „Hexenburg", und den Familien Paeßler und Voigt mit Johann Gottlieb Fichte". März 2001

14   Sächsischer Erzähler, 26.3.1881
15   Sächsischer Erzähler, 6.1.1894, 2.2.1894

Stammgut (Nr. 2) der Familie in Weickersdorf mit dem 1868 von den Leuner'schen Erben gekauften Gut Nr. 8, zusammen 68 Hektar. In den 1870er Jahren wirkte er als Schöffe am Schwurgericht in Bautzen.[16] Zudem war Karl Julius Gnauck Sachverständiger für die Schadensermittlung nach Seuchen.

Eine Schwester von Karl Julius Gnauck hatte den Weickersdorfer Erbgerichtsbesitzer Hartmann geheiratet. Ein Bruder, Friedrich August Heinrich Gnauck (1820–1905)[17], wirkte in den 1870er Jahren als Gemeindevorstand von Großdrebnitz[18] und bis 1884 als Friedensrichter für Groß- und Kleindrebnitz.[19] 1887 wurde Friedrich August Heinrich Gnauck Bischofswerdaer Bürger.[20] Hier engagierte er sich im Wirtschaftsausschuss.[21] Seine Tochter Meta Flora war mit dem Belmsdorfer Erbgerichtsbesitzer Carl Paeßler verheiratet.

Am 19. Juni 1858 wurde in Weickersdorf Max Otto Gnauck als zweites von zehn Kindern des Bauerngutsbesitzers und Gemeindevorstands Karl Julius Gnauck geboren.[22] Er besuchte die Volksschule Goldbach, die Bürgerschule Bischofswerda, das Annenrealgymnasium in Dresden und bis 1879 das Kreuzgymnasium. Nach Ableistung der Militärpflicht, seinem Studium der Geschichte, Geographie und alter Sprachen in Tübingen und Leipzig und ersten Berufsjahren am Wettiner-Gymnasium in Dresden und als Vikar in Plauen unterrichtete er ab 1892 an der Realschule Leisnig.[23] Max Otto Gnauck wurde 1893 zum Oberlehrer befördert.[24] Er war Archivar und Vorstandsmitglied im Leisniger Geschichts- und Altertumsverein, dessen Archiv aus seinem Nachlass eine Sammlung alter Landkarten, Chroniken, Porträts und Städtebilder als „Gnaucksammlung" übernahm.[25] Zudem gehörte er dem „Verein für Sächsische Volkskunde" an.[26] Im Leisniger Verein hielt er regelmäßig Vorträge, beispielsweise zur Geschichte der Sorben. Mit der königlichen Bibliothek in Dresden stand Gnauck in wiederholter Korrespondenz. Sein bekanntestes Werk, „Odorich von Pordenone, ein Orientreisender des 14. Jahrhunderts" (1895 im Rahmen eines Leisniger Schulprogramms erschienen), ist deutschlandweit in vielen Bibliotheken verfügbar und wird weltweit zitiert. Seine Ehefrau,

16   Sächsischer Erzähler, 14.8.1869, Adreßbuch der Stadt Bautzen 1879
17   Sächsischer Erzähler, 26.8.1905
18   Sächsischer Erzähler, 18.12.1875
19   Sächsischer Erzähler, 15.11.1884
20   Sächsischer Erzähler, 23.10.1902
21   Sächsischer Erzähler, 13.1.1903
22   Frank Fiedler: Recherchen beim Ev.-Luth. Pfarramt Bischofswerda
23   Franz Kössler: „Personenlexikon von Lehrern des 19. Jahrhunderts". Bd. Gabel–Guzy, S. 143
24   Dresdner Journal, 18.9.1893
25   Mitteilungen des Geschichts- und Alterthumsvereins zu Leisnig im Königreiche Sachsen, Bd. 13, 1908
26   Neues Archiv für Sächsische Geschichte und Altertumskunde. Bd. 26, 1905

Hulda Emilie geb. Gnauck, war eine Gutsbesitzerstochter aus Bischofswerda.[27] Am 3. Juni 1904 ist Max Otto Gnauck in Leisnig verstorben.

Karl Otto Gnauck (*1.9.1859 Weickersdorf, †27.11.1924), ebenfalls ein Sohn von Karl Julius Gnauck, besaß von 1918 bis 1924 das Rittergut Putzkau. In Weickersdorf war er der Nachbesitzer von Gut Nr. 8, Mitglied im Gebirgsverein für die Sächsische Schweiz[28], langjähriger Vorsteher des Militärvereins Goldbach-Weickersdorf, Jagdpächter und Teichbesitzer mit 51a.[29] 1899 ließ er den Militärverein auf seinem Grundstück an der Grenze zwischen Goldbach und Weickersdorf in der Nähe der Textilfabrik Großmann eine Bismarck-Eiche pflanzen.[30] 1906 erhielt Karl Otto Gnauck ein Ehrendiplom des Sächsischen Fischereivereins für seine Karpfenzucht[31] und 1922 ein Ehrendiplom des landwirtschaftlichen Kreisvereins Bautzen.[32] 1912 wurde er in Weickersdorf als Gemeindevorstand zum Friedenrichter bestellt.[33]

Karl Hermann Gnauck (*6.9.1872 Weickersdorf, † nach 1936), ebenfalls ein Sohn von Karl Julius Gnauck, war der Nachbesitzer von Gut Nr. 2 sowie ein Teichbesitzer und bis mindestens 1928 Mitglied im Kirchenvorstand Goldbach-Weickersdorf.[34] 1925 erhielt er vom sächsischen Wirtschaftsministerium eine Anerkennungsurkunde für seine Zuchtbullen.[35] 1931/1932 lehnte sich die Kirchgemeinde Goldbach-Weickersdorf mit einem Streik gegen den angeordneten Wechsel als Filialkirche von Bischofswerda nach Groß- und Kleindrebnitz auf.[36] In den 1930er Jahren war Karl Hermann Gnauck stellvertretendes Vorstandsmitglied der Unterhaltungsgenossenschaft für die Wesenitz von Steinigtwolmsdorf bis Großharthau.[37]

Der Kleindrebnitzer Zweig

In Kleindrebnitz übernahm mit Johann Gottfried Martin Gnauck (1753–1798) ein Enkel von Martin Gnauck aus Weickersdorf das Familiengut. Er war mit der Großdrebnitzer Erbgerichtstochter Regina Dorothea Klahre verheiratet. Sein Vater, der Bauer und Landfuhrmann Friedrich Martin Gnauck (1709–1774), war zwischenzeitlich von Weickersdorf nach Bühlau gezogen. Es folgte Johann Gottfried Gnauck (1774–1836).

27   Amtskalender für die Geistlichen der Sächsischen Evang.-Luth. Landeskirche (zum zweiten Ehemann Erwin Gerber)
28   Verzeichnis für die Mitglieder des Gebirgsvereins für die Sächsische Schweiz, 1894
29   Emil Adler: „Die stehenden, geschlossenen Fischwässer im Königreiche". 1902
30   Sächsischer Erzähler, 29.4.1899
31   Sächsischer Erzähler, 6.11.1906
32   Sächsischer Erzähler, 19.2.1922
33   Sächsischer Erzähler, 3.11.1912
34   Sächsischer Erzähler, 20.12.1916, 29.2.1928
35   Sächsischer Erzähler, 16.9.1925
36   Dresdner neueste Nachrichten, 9.8.1932
37   Sächsischer Erzähler, 22.10.1936

Das Erbgericht Kleindrebnitz (um 1890), Ernst Gnauck mit Mutter Eleonora Carolina geb. Richter (1818–1894) aus Weickersdorf und Ehefrau Emma Pauline geb. Friebel (1855–1932) aus Altstadt sowie Schwiegervater Friebel.

Carl Gottfried Gnauck (15.10.1802–30.3.1882), der ältere von zwei Söhnen des Johann Gottfried Gnauck in Kleindrebnitz, kaufte das väterliche Gut mit Beigut im Jahre 1834.[38] Der Besitz umfasste 1,5 Hufen Land, Teiche sowie beispielsweise drei Pferde, acht Kühe, einen Bullen, sechs Kalben und ein Schwein. Nach der sächsischen Landgemeindereform war er der erste gewählte Gemeindevorstand (1839–1851) sowie Ortsrichter in Kleindrebnitz. Die Feudallasten auf seinem Gut löste er bis 1843 beim Rentamt ab. Gnauck kaufte 1849 zusätzlich zum Familiengut das Klein-

drebnitzer Erbgericht vom Rennersdorfer Kammergutsverwalter Johann Gottfried Nake.[39] Es verblieb für drei Generationen im Familienbesitz. Carl Gottfried Gnauck verfügte damit über einen Landbesitz von insgesamt 41 Hektar. Große Sorgfalt widmete er der Ausbildung seiner Kinder. Weil in Großdrebnitz der Lehrer für 136 Schüler zuständig war, schickten die Eltern ihren Sohn Ernst nach Bühlau zur Schule, um ihm einen optimalen Unterricht angedeihen zu lassen.

---

38 Kaufvertrag vom 18.2.1834 beim Amt Stolpen

39 Uwe Fiedler: „Der königlich-sächsische Schafzüchter Johann Gottfried Nake". Books on Demand, 2016

Ernst Gnauck begriff Ausbildung als Investition in die Zukunft und ermöglichte auch jenen Kindern einen guten Start ins Leben, die nicht als Hoferben infrage kamen. Bildung beschränkte er aber nicht auf die Landwirtschaft – die meisten seiner Kinder lernten beispielsweise Klavier spielen. Sein Sohn Kurt, bis zur Weltwirtschaftskrise Bankangestellter in Dresden, besuchte die Realschule in Bautzen.

Aufgrund der familiären Situation – es hatten außer ihm nur noch Schwestern überlebt – kaufte Ernst Gnauck (*22.9.1852 Kleindrebnitz, †1.12.1927 Kleindrebnitz) im Jahre 1875 beide Güter von seinem Vater. Er wurde als Gemeindeältester und Stellvertreter des Gemeindevorstands in den Gemeinderat und am 5. März 1887 zum Gemeindevorstand von Kleindrebnitz gewählt. Dieses Amt hatte er für die außergewöhnlich lange Zeit von 32

Jahren inne.[40] Zu den Selbstverständlichkeiten im Gemeinderat unter Gnauck gehörte es, Bedürftige zu unterstützen. Die „Armenkasse" wurde mit ausreichenden Mitteln ausgestattet. In Notfällen, z. B. nach Bränden, bei Erwerbslosigkeit oder nach der Geburt unehelicher Kinder, erhielten die Betroffenen unbürokratische Hilfe.[41] 1891 wurde Ernst Gnauck zum

40   Sächsischer Erzähler, 6.4.1919
41   Gemeindebuch Klein-Drebnitz, Pro-

Hauptschöffen an das Amtsgericht Bischofswerda gewählt.[42] Er war Mitglied im Kirchen- und Schulvorstand für Groß- und Kleindrebnitz und vertrat die Gemeinde im „Ortsausschuss für gemeinnützige Arbeit". Zu den Höhepunkten seiner fast 40-jährigen Amtszeit[43] im Kirchenvorstand gehörten der Bau eines neuen Kirchturms (1894) und die Feierlichkeiten zum 350. Jahrestag der Einführung der Reformation (1909). Ernst Gnauck machte sich als Mitglied bzw. Leiter der landwirtschaftlichen Vereine von Bischofswerda und Großdrebnitz um die Einführung moderner Produktionsmethoden verdient. So beteiligte er sich auch an der IX. Braugerstenausstellung in Dresden.[44] Er wirkte zudem als Sachverständiger für die Schlachtviehversicherung und für die Schadensermittlung nach Seuchen und kandidierte für die landwirtschaftliche Genossenschaftsversammlung.[45] In dem Großdrebnitzer Kirchschullehrer und Heimatforscher Bruno Barthel[46] wusste Ernst Gnauck stets einen guten Freund an seiner Seite. Sein Sohn Oskar und seine Tochter Hedwig waren jeweils

mit Kindern von Barthel verheiratet. Gnauck vertrat den Kantor Barthel beim sonntäglichen Orgelspiel. Auch die örtliche Spar- und Darlehenskasse zur Förderung der dörflichen Wirtschaft hatten sie 1903 aus dem landwirtschaftlichen Verein heraus gemeinsam gegründet. Wenn etwas vertraulich bleiben sollte, korrespondierten sie in Gabelsberger Kurzschrift.[47] Das herausragende Ereignis während Gnaucks Amtszeit stellte 1909 die Eröffnung des Bahnhofs Weickersdorf dar. Im 19. Jahrhundert war es den Oberlausitzer Bauern gelungen, die Produktion von Rohmilch zu steigern, und 1903 wurde die Eisenbahnstrecke Görlitz-Dresden für den Milchtransport zu den Dresdner Molkereien und Großmärkten freigegeben. Gemeinsam mit dem Weickersdorfer Gemeindevorstand Hartmann hatte Gnauck sich lange um die Errichtung eines Bahnhofs für Weickersdorf, Kleindrebnitz und Goldbach bemüht. Mit Unterstützung des aus Kleindrebnitz stammenden Forstwissenschaftler Max Neumeister[48], seinerzeit Mitglied der sächsischen Eisenbahnkommission, gelang dieses wirtschaftlich bedeutsame Vorhaben schließlich und 1909 beging man die feierliche Einweihung.[49] Den

tokolle der Gemeinderatssitzungen 10.2.1887–22.3.1919
42 Sächsischer Erzähler, 23.12.1891
43 Sächsischer Erzähler, 21.3.1925
44 Bericht über die neunte Braugersten Ausstellung in Dresden. Mittheilungen Oekonomische Gesellschaft im Königreiche Sachsen, Ausgaben 8–11, S. xxviii
45 Sächsischer Erzähler, 26.6.1902
46 Frank Fiedler: „Ehregott Bruno Barthel: Lehrer, Kantor und Heimatforscher". Bischofswerdaer Land, 1990

47 Bruno Barthel: Tagebuch „Erlebtes und Gesammeltes"
48 Frank Fiedler, Uwe Fiedler: „Lebensbilder aus der Oberlausitz". Books on Demand, 2011–2017
49 „Weickersdorf (Einweihung)". Unsere Heimat, Beilage zum Sächsischen Erzähler, Oktober 1909

örtlichen Bauern wurde es dadurch möglich, die leicht verderbliche Rohmilch schneller an die Kunden bis nach Dresden auszuliefern.[50] 1910 wurde Gnauck zum Friedensrichter für Groß- und Kleindrebnitz berufen.[51] Für seine Verdienste um Kleindrebnitz erhielt Ernst Gnauck 1912 von König Friedrich August III. das Ehrenkreuz verliehen.[52] Das Erbgericht Kleindrebnitz übernahm 1911 sein Sohn Bruno (1888–1969). Der älteste Sohn Oskar (1877–1931) folgte ihm 1919 im Amt des Gemeindevorstands. Dem Vorstand der örtlichen Sparkasse gehörten seine Söhne Oskar und Paul (1880–1945) an.[53] Die vom Kirchenvorstand mit Ernst Gnauck und Kirchschullehrer Willy Sorber[54] nach der Inflation betriebene Angliederung von Goldbach-Weickersdorf als Schwestergemeinde zu Groß- und Kleindrebnitz löste 1931/1932 den Goldbacher Kirchenstreit aus.

Von den 16 Bauerngütern des Jahres 1925 in Sachsen mit mehr als 15 Hektar Fläche und mit einem Namensträger „Gnauck" als Besitzer gehörten allein 5 Güter Söhnen von Ernst Gnauck.[55] Den Kleindrebnitzer

Grundbesitz hatte er zwischen seinen Söhnen Paul (19 ha, Familiengut Nr. 9) und Bruno (22 ha, Erbgericht Nr. 16) aufgeteilt. Oskar in Kleindrebnitz (16 ha), Arthur in Goldbach (15 ha) und Richard in Rammenau (21 ha) hatten sich eingekauft oder eingeheiratet.

Auch in der ersten Hälfte des 20. Jahrhunderts wirkten Familienmitglieder der Gnaucks als Gemeindevorstände, so die Söhne von Ernst Gnauck in Kleindrebnitz (Oskar) und Rammenau (Richard) sowie der Schwiegersohn Willy Gerth in Weickersdorf.

Bruno Gnauck, am 2. November 1888 in Kleindrebnitz geboren, hatte 1911 das Erbgericht von seinem Vater, Ernst Gnauck, übernommen. 1912 heiratete er Ernestine Martha, eine Tochter des Goldbacher Ortsrichters und Kirchenvorstands Alwin Gnauck (Gut Nr. 54). Im Ersten Weltkrieg diente Bruno Gnauck an der Westfront in Frankreich. Die fünf weiteren Söhne und drei Schwiegersöhne von Ernst Gnauck überlebten den Krieg ebenfalls, obwohl einschließlich Bruno sechs von ihnen an der Front gedient hatten.[56] Nach dem Krieg unterstützte er seine durch die Inflation in Not geratenen Schwiegereltern in Goldbach (sein Bruder Arthur hatte zuvor deren Gut gekauft.) 1928 wurde

50   Hans von Polenz: „Als noch die Milchzüge fuhren ...". Oberlausitzer Hausbuch, 2010, S. 63–65
51   Sächsischer Erzähler, 29.9.1910
52   Sächsischer Erzähler, 25.5.1912
53   Sächsische Staatszeitung, 15.2.1919
54   Frank Fiedler, Uwe Fiedler: „Lebensbilder aus der Oberlausitz". Books on Demand, 2011–2017
55   Landwirtschaftliches Adreßbuch der Güter und Wirtschaften im Freistaat Sachsen,

1925
56   Kurt Barthel (Bearb.): „Erlebtes und Gesammeltes von Ehregott Bruno Barthel". Hattersheim, 1998

Bruno Gnauck, der letzte Erbgerichtsbesitzer in Kleindrebnitz aus der Familie, mit seiner Tochter Luise (1913–2006) und seinen Enkelinnen Brunhilde (*1935, verh. Fiedler) und Brigitte (1943–2016). Bruno Gnaucks Sohn Bruno Ernst (1914–1917) war früh verstorben, Gottfried (21.5.1920–20. 12.1941) im Zweiten Weltkrieg in Tscherkes nahe Sewastopol auf der Krim gefallen und seine Frau, Ernestine Martha, 1952 gestorben. Die Tochter Luise war nach dem Tod ihres Mannes, Arthur Gnauck, zusammen mit ihren Töchtern in das elterliche Erbgericht zurückgekehrt.

Bruno Gnauck zum Friedensrichter für Groß- und Kleindrebnitz bestellt.[57] Das Ehepaar Bruno Gnauck bildete mit dem Bruder Oskar, dem Landwirt Hermann Paul und Kirchschullehrer Willy Sorber sowie deren Ehefrauen einen Freundeskreis. 1931 verlor Bruno durch Suizid seinen Bruder Oskar, dem die Gewährung einer Bürgschaft zum Verhängnis geworden war. Als Gastgeber für den Militärverein, den Landwirt-

schaftsverein, den Darlehns- und Sparkassenverein, den Gesangverein, den Frauenverein, den Jugendverein „Alpenrose", den Radverein „Stern" und den Schachverein war das Erbgericht Kleindrebnitz ein Zentrum des dörflichen Lebens. 1925 feierte der Landwirtschaftsverein für Groß- und Kleindrebnitz im Erbgericht Kleindrebnitz sein 25-jähriges Jubiläum.[58]

57   Sächsischer Erzähler, 30.9.1928

58   Kurt Barthel (Bearb.): „Erlebtes und Gesammeltes von Ehregott Bruno Barthel". Hattersheim, 1998

Es fanden zudem Vortragsveranstaltungen und Theateraufführungen statt. Zu den Gästen im Großdrebnitzer Erbgericht gehörte der damalige Pfarrer für Großdrebnitz und Goldbach Richard Garbe.[59,60] 1934 gründete sich eine Entwässerungsgenossenschaft Kleindrebnitz-Weickersdorf zur Regulierung des Hundeflüsschens (Drebnitzbach) mit Bruno Gnauck als Schatzmeister.[61] Er wirkte zudem als Sachverständiger für die Schadensermittlung nach Seuchen. Nach der Zerstörung Dresdens am 13./14. Februar 1945 fuhr Bruno mit seinem Pferdewagen nach Dresden, um seinem Bruder Kurt zu helfen, Habseligkeiten aus Wohnung und Gaststätte zu bergen. Kurt und seine Familie, er war mit einer Schwester von Brunos Ehefrau aus Goldbach verheiratet, fanden zwischenzeitlich Aufnahme im Erbgericht Kleindrebnitz. Ohne geeigneten Erben geblieben, verkaufte Bruno Gnauck 1956 das Kleindrebnitzer Erbgericht an die Familie Szczekalla, behielt aber Wohnrecht. In seinen letzten Lebensjahren traf er sich wiederholt mit dem ehemaligen Großdrebnitzer Bürgermeister und

Ehemaliges Auszugshaus des Erbgerichts Kleindrebnitz mit einer alten Eiche. In den 1950er Jahren hatte in die Eiche ein Blitz eingeschlagen. 1952 wurden jene Eiche und eine Linde des Erbgerichts sowie eine Gruppe Linden im Gut von Brunos Tochter Luise Gnauck in einem Naturschutzwegweiser für den Kreis Bautzen aufgelistet (herausgegeben vom Rat des Landkreises Bautzen, Landrat Jan Cyž, beim Domowina-Verlag).

Mitglied der Schopenhauer-Gesellschaft Otto Heinrich zum Gedankenaustausch. Am 16. September 1969 ist Bruno Gnauck in Kleindrebnitz verstorben.

59   Frank Fiedler: „Garbe, Richard Erich Christian". Sächsische Biografie, herausgegeben vom Institut für Sächsische Geschichte und Volkskunde e.V., wissenschaftliche Leitung: Martina Schattkowsky

60   Eintrag von Richard Garbe im Gästebuch des Erbgerichts Kleindrebnitz: „Dreifach ist der Schritt der Zeit: Zögernd kommt die Zukunft hergezogen, pfeilschnell ist das Jetzt entflogen, ewig still steht die Vergangenheit".

61   Sächsischer Erzähler, 2.10.1934

Es waren einmal ... der Bauer und seine Pferde

Mit dieser Publikationsidee von Frank Fiedler (1930–2018), die jener aber nicht mehr in die Tat umsetzen konnte, wollte er an eine Zeit erinnern, als Mensch und Pferd noch die Mühsal des Alltags teilten. Sein Nachlass enthält eine Material- und Ideensammlung, die er zu diesem Thema zusammengestellt hatte. Wesentliche Bestandteile sind Fotos, viele Anekdoten aus dem dörflichen Leben, Ausführungen zum Salzfuhrwesen sowie Sprichwörter mit Bezug zum Arbeitsalltag in der Landwirtschaft. Die Aufbereitung hier mit einem besonderem Augenmerk auf die Familie Gnauck beruht auf seinen Vorarbeiten.[1]

Pferdebauern

Pferde waren vor der Erfindung moderner Transportmittel über Jahrhunderte als Zug- und Reittiere unverzichtbar. In der Landwirtschaft kamen sie zunächst kaum zum Einsatz, weil sie zu teuer waren. Schließlich setzten sie sich aber dank höherer Flexibilität und Effizienz doch gegenüber den Ochsen als Transport- und Arbeitstiere durch. Kein anderes Tier stand dem Bauern so nahe wie seine Pferde, ihre Beziehungen waren häufig fast

schon persönlich. Die Unterhaltung der Pferde blieb aber sehr teuer, so dass der Begriff „Pferdebauer" zum Statussymbol für Wohlstand wurde.

Im Jahre 1873 gab es beispielsweise in Kleindrebnitz bei 37 Haushalten insgesamt 20 Pferde, im Jahre 1884 bei 39 Haushalten 27 Pferde.[2] Ein Adressverzeichnis der landwirtschaftlichen Güter Sachsens mit mindestens 15 ha aus dem Jahre 1925 führt unter etwa 15000 Eigentümern/Pächtern/Verwaltern 16 Namensträger Gnauck und davon allein 10 in Dörfern in unmittelbarer Nähe von Bischofswerda auf.[3] Dabei handelte es sich ohne Ausnahme um Pferdebauern: in Frankenthal Ernst Gnauck (4) und Paul Gnauck (2), in Goldbach Arthur Gnauck (2) und Otto Gnauck (2), in Kleindrebnitz Bruno Gnauck (2), Oskar Gnauck (2) und Paul Gnauck (2), in Rammenau Richard Gnauck (4) sowie in Weickersdorf Alma verw. Gnauck (4) und Hermann Gnauck (4).

Zu den Kleindrebnitzer Pferdebauern gehörte auch Arthur Gnauck auf einer mit 11 ha etwas kleineren Wirtschaft (Nr. 13). Arthur Gnauck wurde am 24. Mai 1908 in Goldbach geboren. Sein Großvater, Hermann Gnauck,

---

1   Frank Fiedler war ein Schwiegersohn des Kleindrebnitzer Bauern Arthur Gnauck und ein Schwiegerenkel des Erbgerichtsbesitzers Bruno Gnauck.

2   Zeitschriften des Sächsischen Statistischen Landesamtes, 1873, 1884
3   Landwirtschaftliches Adreßbuch der Güter und Wirtschaften im Freistaat Sachsen, 1925

Die Pferde waren der ganze Stolz der Bauern und treue Helfer auch im Winter (Arthur Gnauck, Kleindrebnitz).

besaß dort das große Gut Nr. 49, das sich später im Besitz von dessen Sohn Otto befand. 1909 kaufte Arthurs Vater, Martin Gnauck, das Kleindrebnitzer Gut der Familie Eisold. Nach Ausbruch des Ersten Weltkriegs wurde der Vater eingezogen und als Fahrer eines Landsturmregiments am 25.12.1914 in Charpentry bei Verdun verwundet. Am 6.1.1915 ist er in einem Lazarett in Bensbach verstorben.[4] 1917 fiel die Scheune des Kleindrebnitzer Gutes mit den Futtervorräten einer Brandstiftung zum Opfer.[5] Das Gut mit den beiden minderjährigen Söhnen geriet in große Not und konnte die Zeit nur durch die verwandtschaftliche Solidarität der Familien Sturm[6] und Eisold überstehen. Sie ermöglichten Arthur den Besuch der Landwirtschaftsschule in Bautzen unter Hermann Gräfe. 1930 wurde er zum Vorsitzenden des Vereins „Casino junger Landwirte" mit 500 Mitgliedern in Bischofswerda und Umgebung gewählt.[7] 1934 heiratete Arthur Gnauck die Tochter Luise des Kleindrebnitzer Erbgerichtsbesitzers Bruno Gnauck. Das von der Erbengemeinschaft mit seiner Mutter und seinem Bruder Fritz gepachtete Gut kaufte er 1935. Im Zweiten Weltkrieg geriet Arthur Gnauck während des Afrikafeldzugs in Gefangenschaft und wurde nach Georgia verbracht, wo er

4   Sächsischer Erzähler, 16.1.1915
5   Dresdner Nachrichten, 15.11.1917 (Frühausgabe)
6   Max Sturm, Direktor der Bunt- und Luxuspapierfabrik Goldbach
7   Sächsischer Erzähler, 26.9.1930

auf einer Erdnussplantage arbeitete, später nach Peterborough in England. 1947 kehrte er nach Hause zurück, war aber schon durch eine Krebserkrankung gezeichnet. Eine letzte Operation bei Professor Albert Fromme in Dresden blieb ohne Erfolg. Arthur Gnauck ist am 4. Oktober 1948 im Alter von 40 Jahren verstorben.

Alltägliches und Anekdoten

Der Bauer musste stets gewärtig sein, dass Pferde Fluchttiere sind, die nicht erschreckt werden dürfen. Früh morgens wurden die Pferde zuerst gegrüßt, möglichst von der Seite, damit sie den Menschen erkennen konnten. Und natürlich bekamen als erstes die Pferde ihr Futter, ehe die Menschen frühstückten. Bei der Arbeit vor dem Wagen bestimmten dann die Pferde, wann Pause gemacht wird. Der Pflege der Pferde galt größte Sorgfalt und bestimmte die Bewertung der Arbeit der Kutscher, aber auch, wie die Verhältnisse auf dem jeweiligen Hof im Dorf eingeschätzt wurden („Wie die Verpflegung, so die Bewegung", „Wie der Herre, so's Gescherre").

Dank des täglichen Umgangs mit diesen intelligenten Tieren haben sich im Verlauf der Zeit viele mehr oder weniger lustige Geschichten zugetragen, die über Generationen in den Dörfern weitererzählt wurden:

- die Pferde als Transporteure für einen Zahnarzt auf Hausbesuch bei einem ängstlichen Gast im Erbgericht Kleindrebnitz

- von einem durstigen Erberichtsbesucher in Kleindrebnitz, den man volltrunken in seine Kutsche gesetzt hatte und den seine Pferde selbstständig heim zur Ehefrau brachten
- über Lise, eine 28-jährige kranke Stute auf dem Erbrichtergut Paeßler in Belmsdorf, die zur Notschlachtstelle gebracht werden sollte, was wegen Silvester nicht möglich war und am nächsten Morgen auch nicht mehr nötig, als sie sich nachts am Futtervorrat selbst bediente und mehrere Tagesrationen gefressen hatte[8]
- von einem durchgegangenen jungen Pferd, das im Winter nicht ausreichend bewegt worden war und Frank Fiedler fast in den kalten Bach genötigt hat
- von drei Pferden des Erbgerichts Großdrebnitz, die man regelmäßig abends von der Koppel alleine nach Hause gehen ließ
- von einem Kleindrebnitzer Bauern Steglich, der beim Pflügen jedes Mal am Ende der Furche ein Vaterunser betete, um den Pferden eine Pause zu gewähren
- über einen Kutscher, der nach dem Begräbnis zum Leichenschmaus gehen wollte und

deswegen den Leichenwagen von Goldbach nach Weickersdorf von einem 14-Jährigen heimfahren ließ, der jedoch einen Totalschaden verursachte.

Um 1800 sorgte die Liebesgeschichte der Großdrebnitzer Bauerntochter Richter für großes Aufsehen. Ihr Auserwählter war der Kutscher des Gutes und das durfte nicht sein. Als der Kutscher, ein Gottlieb Stiebitz aus Neukirch, entlassen war, verweigerten aber die von ihm betreuten Schimmelhengste den Dienst und der Bauer musste dem Kutscher seine Tochter versprechen, um ihn zurückzuholen.[9]

Die Deckhengste des Erbgerichts Großdrebnitz waren für das ganze Dorf zuständig und bei allen Bauern namentlich bekannt. Daran erinnerte lange das frühere Erbgerichtssiegel mit einem Hengst und deutlich sichtbaren Genitalien.

Der im Großdrebnitzer Erbgericht mit seiner traditionsreichen Pferdezucht aufgewachsene Agrarwissenschaftler Bruno Steglich promovierte 1883 an der Universität Leipzig mit der Arbeit „Über den Mechanismus des Pferdehufes unter besonderer Berücksichtigung der Hufrotationstheorie des Prof. Dr. Lechner in Wien". 1885 verfasste er die „Schematische Darstellung des Zahnwechsels beim Pferd zur Altersbestimmung aus

---

8   Die Erbgerichtsbesitzer Paeßler in Belmsdorf waren über Meta Flora geb. Gnauck (1860–1908), eine Tochter des Großdrebnitzer Gemeindevorstands, mit den Weickersdorfer Gnaucks verwandt.

9   Fritz Paul: „Überlieferung meines Vaters Alwin Bruno Paul" (für Frank Fiedler)

Familienfoto (um 1930): Arthur Gnauck auf dem Pferdewagen, seine Mutter ganz rechts sowie die Gutsauszügler Eisold und zwei Hilfskräfte.

dem Gebiß für Landwirthe, Offiziere, Sportsmen und Pferdebesitzer". Die Familie Steglich war sowohl mit den Kleindrebnitzer als auch den Weickersdorfer Gnaucks verwandtschaftlich verbunden.[10]

Der ehemalige Kleindrebnitzer Gemeindevorstand Ernst Gnauck und seine Frau lebten im Alter im Auszugshaus des Erbgerichts und klagten im Winter über kalte Füße. Ihr Sohn Bruno quartierte daraufhin die Pferde des Hofes im Schweinestall des Erdgeschosses ein, die Schweine (vier

Tiere 1925) dafür im Pferdestall. Die beträchtliche Eigenwärme der Pferde wirkte wie eine Fußbodenheizung.

Das Bild „Im Kumtlampenschein" des in Bischofswerda aufgewachsenen Malers Osmar Schindler widerspiegelt ein Stück Romantik nach (fast) vollbrachtem Tagewerk von Kutscher und Pferd. Viele Kopisten trugen dazu bei, Schindlers Hauptwerk weltweit bekannt zu machen. Reproduktionen finden sich noch heute in unzähligen Wohnzimmern und früher auch in vielen Bauernstuben, so bei Arthur Gnauck in Kleindrebnitz, auch wenn Schindler eigentlich einen Stadfuhrmann aus Dresden abgebildet hatte.

10   Bruno Steglich: „Stammtafel der Familie Steglich" (in der „Ahnentafel Wiede" von Karl Steinmüller, 1940)

Arthur Gnauck bei der Arbeit in Kleindrebnitz, im Bildhintergrund die Buntpapierfabrik Goldbach.

Die wiederholte Requirierung ihrer Pferde für Kriegszwecke, sowohl für eigene Truppen als auch durch fremde Militärverbände, die durch das Land zogen, stellte für die Bauern ein großes wirtschaftliches Problem dar. Beispielsweise wurde 1945 ein Pferd des Gutes Arthur Gnauck von der sowjetischen Militärverwaltung beschlagnahmt.

Schmölln östlich von Bischofswerda hieß im Volksmund „Vogel-Schmölln", weil die Hinterlassenschaften der Transportpferde von den Steinbrüchen auf der Dorfstraße unverdaute Haferkörner enthielten und viele Vögel anlockten.

Zum Salzfuhrwesen

Das einstmals sehr teure Gut Salz wurde früher von Bauern mit ihren Pferden über weite Strecken transportiert. Für die Bauern stellte dies einen finanziell lukrativen Nebenerwerb dar. Frank Fiedler verfasste 2009 den Beitrag „Zum Salzfuhrwesen in Großdrebnitz in den Lebenserinnerungen von Prof. B. Steglich" (in: Mathias Hüsni, Schiebocker Landstreicher, H. 4, Burkau, S. 55–56). Darin zitierte er die Überlieferung von Bruno Steglichs „Großmutter väterlicherseits von ihrem Vater, Johann Georg Richter, dass ihm als ehemaligem Salzfuhrmann sein vermutetes Vermögen fast zum Verhängnis geworden wäre. Beim Durchmarsch französischer Truppen im Jahr 1813 wurde er von plündernden Soldaten schwer misshandelt und trotz Erkrankung aus dem Bett geworfen, um nach Werten zu suchen. Dazu zählte auch Salz. Wegen des großen Mangels an Salz waren bereits Krankheiten aufgetreten. G. Richter brauchte lange Zeit, um sich von den Misshandlungen zu erholen. Er hatte noch von seinem versteckten Salzvorrat an den französischen Kommandeur, Marschall Ney, dessen Truppen auf dem Goldbacher Berg standen, ein kleines Säckchen Salz abgegeben und die hohe Summe von 10 Dukaten dafür erhalten." Im selben Heft des „Schiebocker Landstreichers" veröffentlichte Roland Paeßler den Beitrag „Der Salzhandel und das Salzfuhrwesen im ehemals Stolpener Gebiet". Nach Paeßlers Untersuchungen wurden die meisten Salzfuhrmänner in der untersuchten Region von Bauern der Familie Gnauck aus Weickersdorf gestellt. Diese Tradition begann mit Martin Gnauck (1634–1705) und reichte bis Carl Christoph Gnauck (1791–1865) und der Fertigstellung der Eisenbahnstrecke Dresden-Görlitz.

Frondienste auch mit den Pferden

Die Bauern in den Stolpener Amtsdörfern waren als Fronleistung für das Kammergut Rennersdorf und das Rentamt Stolpen bis in das 19. Jahrhundert auch zu einer Vielzahl von Gespanndiensten verpflichtet. Die „Begüterten" in Großdrebnitz betrafen die Befronung von Wiesen, der Transport von Holz, Transportleistungen bei Bauvorhaben, die Düngung, Teichdienste, die Waldpflege und auch Personentransporte.[11] Weickersdorf und Kleindrebnitz zählten wie Großdrebnitz zu den „Dungdörfern" und unterlagen ähnlichen Fronleistungen. Die „Ackerdörfer" wie beispielsweise Lauterbach mussten eine festgelegte Anzahl mit je zwei Pferden bespannter Ackergeräte wie Pflüge und Eggen stellen.[12] Die Erbgerichte Goldbach, Großdrebnitz und Belmsdorf mussten einen „Lehnklepper" halten.[13]

Sprichwörter

Das Pferd gehörte zum Alltag der Menschen und war ein wichtiger Helfer in der Landwirtschaft. So ist es kein Wunder, dass es gerade im Arbeitsalltag der Bauern auch Eingang in Redewendungen oder Begriffsbildungen fand.

Ein Gespann: gutes Zusammenwirken von zwei Menschen / die Pferde im Fuhrwerk mussten gemeinsam arbeiten

11   Bruno Barthel: „Altes und Neues aus Groß- und Kleindrebnitz". 1907
12   Erich Barth: „Frondienste für die Burg und das Amt Stolpen". Stolpner Hefte, H. 9, 2001
13   Georg Pilk: „Die Amtsdörfer bei Bischofswerda". Unsere Heimat. Beilage zum Sächsischen Erzähler, 9.6.1925

Schnelle Pferde führt man langsam aus dem Stall / Immer langsam mit den jungen Pferden: Vorsicht walten lassen / temperamentvolle Pferde benötigen eine ruhige Hand

Zügel locker halten: lockerer Führungsstil / Pferden mehr Freiheit geben

Ein Zugpferd sein / zugkräftig sein: etwas Attraktives / Vorspannpferde zusätzlich zum Gespann waren besonders leistungsfähig

Ihm sind die Pferde durchgegangen / es geht mit ihm durch: unkontrolliertes, emotionales Agieren / erschreckte Pferde lassen sich nicht bändigen

Jemanden an die Kandare nehmen / Zügel anlegen: strenger Führungsstil / Pferde ans Zaumzeug nehmen

In den Seilen gestorben: während des Arbeitslebens gestorben / Tod der Pferde durch Überforderung

Sticht der Hafer: leichtsinniges Verhalten / übermütige Pferde durch zu wenig Auslastung und zu gutes Futter

Einem geschenkten Gaul sieht man nicht ins Maul: nicht an Geschenken herumkritisieren / der Blick ins Maul ließ Rückschlüsse auf Alter und Gesundheit von Pferden und damit auf deren Wert zu

Mal ausspannen: Freizeit / Ruhepause für die Pferde

Auf die Hinterbeine stellen: etwas stur ablehnen / sich wie ein hochgradig erregtes Pferd verhalten

Sich nicht vor den Karren spannen lassen: sich nicht für die Absichten Anderer missbrauchen lassen / Pferde zur Arbeit einsetzen

Nicht die Pferde scheu machen: vorschnell und überflüssig andere auf etwas hinweisen / die Pferde durch hektisches Agieren beunruhigen

Jemand hat das Pferd vom Schwanze aufgezäumt: falscher Lösungsansatz oder umständliche Erklärungen / Pferde mussten zuerst am Kopf aufgezäumt werden

Vom Pferd erzählen: nicht bei der Wahrheit bleiben / da Pferde der Stolz der Besitzer waren, wurden ihre Eigenschaften gerne übertrieben gelobt

Wie der Herr, so's Gescherre: Angestellte arbeiten, wie es der Vorgesetzte vorlebt / ein liederlicher Herr gab nichts auf ordentliches Pferdegeschirr

Rosskur: Heilbehandlung eines Menschen mit groben Mitteln / Hufschmiede waren auch für die Zahnbehandlung der Pferde zuständig

Über die Stränge schlagen: die Grenze des Erlaubten durch Übermut überschreiten / unruhige Pferde, die durch Ausschlagen mit den Hinterbeinen außerhalb der Stränge geraten sind, müssen neu eingeschirrt werden

Nach der Größe des Guts von Arthur Gnauck in Kleindrebnitz war die Haltung von zwei Pferden wirtschaftlich problematisch, wegen der Entfernung der teilweise nachgepachteten Flächen aber unumgänglich. Die Pferde allein machten 1930 mit 650 RM etwa 8% des Inventarwertes des Gutes aus.

Den Brotkorb höher hängen: die Anforderungen erhöhen / Pferde sollten nicht zu schnell fressen

Sich vergaloppieren: durch unkontrolliertes Verhalten in eine unvorteilhafte Situation geraten / falsch geritten sein

Ich dachte, mich tritt' ein Pferd / Pferdekuss: unvermitteltes, unwillkommenes oder schmerzhaftes Ereignis / im Umgang mit den Pferden bestand die dauernde Gefahr, dass diese sich erschrecken und ausschlagen

Das Haar vom Kopf fressen: scherzhaft für guten Appetit / Pferde knabberten sich in Notzeiten das eigene Fell ab

Mit den Füßen scharren: ungeduldiges Warten auf eigene Handlungsmöglichkeiten / Unruhe meist junger, bewegungsfreudiger Pferde

Mal hü, mal hott: nicht wissen, was man will / aus der Kutschersprache für links bzw. rechts abbiegen

Roßtäuschertrick: Vortäuschung von Sachverhalten um des eigenen Vorteils / Betrug beim Pferdehandel

Eine Familie Gnauck aus Bischofswerda und ihre Verbreitung über Mittelsachsen

Bischofswerda hatte im späten 16. Jahrhundert etwa die fünffache Einwohnerzahl wie die benachbarten Waldhufendörfer Goldbach, Weickersdorf und Kleindrebnitz zusammen. Für 1562 werden 278 „besessene" Bürger zuzüglich 40 „Inwohner" (Nichtansässige ohne Bürgerrecht) angegeben. Diese Zahl ist bis in das 18. Jahrhundert nicht erheblich gestiegen (1748: 322 besessene Bürger).[1]

Mitte des 17. Jahrhunderts lebte in Bischofswerda einschließlich der Nichtansässigen nur eine einzige Familie Gnauck[2], während sich gleichzeitig die Gnaucks in Goldbach, Weickersdorf und Kleindrebnitz rasch ausgebreitet hatten. Daraus kann geschlossen werden, dass die Stadt Bischofswerda selbst eher nicht der Ausgangspunkt der Verbreitung der Gnaucks gewesen ist. Offenbar handelte es sich bei den frühen Namensträgern „Gnauck" um Bauern. Dafür spricht auch, dass in den städtischen Besitzungen Geißmannsdorf, Wölkau, Kynitzsch, Schönbrunn, Pickau und Teupitz im Jahre 1661 bei insgesamt 60 Haushalten der Name „Gnauck" immerhin 4 Mal auftrat.

Ausgehend von der Hypothese, dass der Name „Gnauck" im Zuge der Vergabe von Familiennamen anfangs einem fränkischen Ostsiedler in Bischofswerda oder Umgebung mit einem sehr persönlichen Merkmal zugewiesen wurde, ist die spätere Binnenmigration von Namensträgern aus diesem Gebiet genealogisch von besonderem Interesse.

Der Kleinhartmannsdorfer Pfarrer Paul Gnauck und seine Nachfahren

Paul(us) Gnauck wurde am 9. Januar 1651 in Bischofswerda geboren. Laut Einwohnerverzeichnis von 1661 war sein Vater der Bürger Andreas Gnauck. Jener hatte noch zwei ältere Söhne, Johannes (1650 Kreuzschule Dresden, 1655 Universität Wittenberg, 1666 Pfarrer in Altenwalda bei Bremen) und Andreas (1657 Kreuzschule Dresden).[3] Offenbar besaß der Vorname „Andreas" in der Familie Tradition. 1657 beging der vermutliche Großvater gleichen Vornamens Selbstmord.[4] Paul Gnauck besuchte

1 Historisches Ortsverzeichnis von Sachsen beim Institut für Sächsische Geschichte und Volkskunde

2 Georg Pilk: „Die Einwohnerschaft Bischofswerda's und seiner Besitzdörfer im Jahre 1661". Unsere Heimat, Beilage zum Sächsischen Erzähler, 6.2.1925

3 Willy Richter: „Die Matrikel der Kreuzschule". Degener, 1967

4 „Gruselige Geschichten aus Bischofswerdas Vergangenheit". Unsere Heimat, Beilage zum Sächsischen Erzähler, 17.5.1927

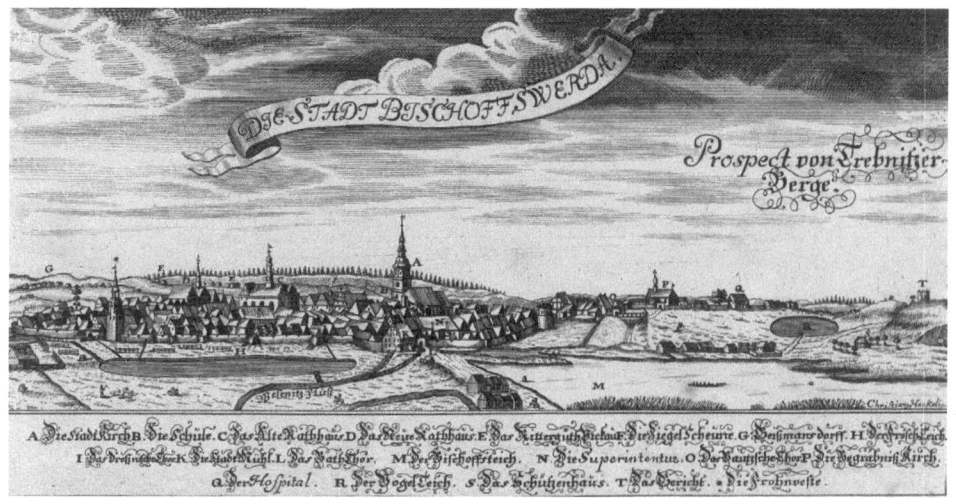

Bischofswerda, vom „Trebnitzer Berge" gesehen (um 1700).

bis 1673 das Bautzener Gymnasium unter Johannes Theill.[5] Einer seiner Mitschüler war Gottfried Kretschmar, der ebenfalls aus Bischofswerda stammte. Gnauck studierte danach drei Jahre an der Universität Wittenberg unter dem Rektor Wilhelm Leyser II. Er galt offenbar als besonders begabt, denn er musste keine Studiengebühren bezahlen.[6] Nach dem Studium unterrichtete Paul Gnauck die Kinder des Herrn von Penzig auf Jeßnitz, anschließend war er für zwei Jahre als Informator bei Andreas Kunad, seinerzeit Superintendent in Bischofswerda, angestellt und nach dessen Flucht 1680 vor der Pest fünf Jahre bei dessen Nachfolger Christoph Lehmann. Kunad war der Schwiegervater von Diakon Gottfried

Kretschmar. 1684 kam es in Bischofswerda zu einem Diakonatsstreit um Kretschmars Nachfolge, der zum Archidiakon befördert worden war und zeitweise die vakante Superintendentur ausübte. Weder Gnauck noch seine beiden Konkurrenten, die ebenfalls aus der Stadt stammenden Theologen August Dorotheus Rupert und Jeremias Freyberg, erhielten jedoch das Amt, nachdem sich die Bürgerschaft darüber zerstritten hatte.[7] 1687 wurde Paul Gnauck Pfarrer in Kleinhartmannsdorf bei Freiberg, wo er vierzig Jahre bis zur Emeritierung tätig blieb. Er hatte drei Söhne und fünf Töchter, zwei Söhne und eine Tochter verstarben früh. 1737 ist Paul Gnauck gestorben.

5   Johannes Theil: „De Spiritus Sancti hieroglyphico lingus". Baumann Bautzen, 1673
6   Album Academiae Vitebergensis

7   Michsel Pusch, Christian Heckel: „Historische Beschreibung der Stadt Bischoffswerda". 1713

Paul Gnauck folgte sein einziger überlebender Sohn, <u>George Benjamin (Friedrich) Gnauck</u> (2.11.1698–1749), als zehnter Pfarrer in Kleinhartmannsdorf, das seit der Reformationszeit als Filialkirche zu Eppendorf gehörte, bis in das 18. Jahrhundert aber einen eigenen Pfarrer hatte. George Benjamin Gnauck besuchte das Gymnasium Annaberg unter Christian Gotthold Willisch und wurde mit dem Herkunftsort Kleinhartmannsdorf 1719 in Leipzig immatrikuliert.[8] Nach dem Studium arbeitete er zunächst als Hauslehrer bei Kriegsrat Bretschneider in Dresden. 1726 wurde er Substitut seines Vaters in Kleinhartmannsdorf. Verheiratet war George Benjamin Gnauck mit Christiana Sophia geb. Günther.[9]

In verschiedenen Quellen wird für Vater und Sohn Gnauck fälschlicherweise das etwa 50 km entfernte Hartmannsdorf als Wirkungsort angegeben.[10] Als maßgebende Quelle anzusehen ist stattdessen die „Kirchen-Historie der Stadt Freyberg und der in die dasige Superintendentur eingepfarrten Städte und Dörffer" von 1737 des damaligen Freiberger Predigers Christian Gotthold Willisch, in dessen Zuständigkeitsbereich als Ephorus auch Kleinhartmannsdorf fiel und der George Benjamin Gnauck

Kleinhartmannsdorf wurde zum Ausgangspunkt für mehrere Familienlinien „Gnauck" in Sachsen. Foto: Rauenstein (Wikimedia Commons, Lizenz CC BY-SA 3.0)

schon aus seiner Zeit am Annaberger Gymnasium kannte.

Zu einer Zeit, als der insgesamt seltene Familienname „Gnauck" zudem sehr stark auf den Raum Bischofswerda konzentriert war, ist mit Paul Gnauck ein relativ früher Personenwechsel nach Mittelsachsen nachgewiesen. Im Adressbuch der Stadt Chemnitz von 1840 sind nur zwei Haushalte „Gnauck" bekannt, in Freiberg 1853 kein einziger. Dies weist darauf hin, wie wenige Familienlinien „Gnauck" noch im 19. Jahrhundert in Mittelsachsen ansässig waren.

Die gleichzeitige räumliche und zeitliche Nähe von zwei Namensträgern „Gnauck" wird vor dem Hintergrund der Seltenheit dieses Familiennamens im Folgenden als starkes Indiz für einen engen ver-

---

8   „Die jüngeren Matrikel der Universität Leipzig 1559–1809". 1909
9   Anton Wilhelm Plaz: „De arte naturam superante". Leipzig, 1772
10   http://pfarrerbuch.de

wandtschaftlichen Zusammenhang gewertet.

Paulus Christian Gnauck (* um 1735, Kreisamtsaktuar in Freiberg[11]), Georg Friedrich Gnauck (* um 1737, lateinische Stadtschule in Chemnitz unter Johann Georg Hager[12], Steuereinnehmer von 1780 bis 1806 in Kirchberg, Crimmitschau und Colditz[13]) und Traugott Wilhelm Gnauck (*1745, Stadtphysikus in Meißen und Rittergutsbesitzer auf Kunzwerda) stammten aus Kleinhartmannsdorf und waren Enkel des ehemaligen Bischofswerdaers Paul Gnauck.[14] Dies gilt vermutlich ebenfalls für Carl Benjamin Gnauck (* um 1740, Bürgermeister von Chemnitz).[15] Die Geschwister wurden nach dem frühen Tod des Vaters von Verwandten unterstützt, wobei nicht geklärt ist, ob es sich dabei um verheiratete Schwestern des Vaters oder Verwandte der Mutter gehandelt hat.

---

11   Sächsisches Staatsarchiv Dresden, 10036 Finanzarchiv, 10051 Kreisamt Freiberg und 10079 Landesregierung
12   Johann Georg Hager: „De pace religionis prima disserit simulque ad memoriam, saecularem pacis religiosae ...". Stoessel 1755
13   Churfürstliche Sächsische Hof- und Staats-Calender, 1780–1806
14   „Die jüngeren Matrikel der Universität Leipzig 1559–1809". 1909
15   Im Leipziger Matrikelbuch 1559–1809 finden sich 7 Namensträger „Gnauck". Davon gehörten allein 6 höchstwahrscheinlich einer mittelsächsischen Familie in 3 Generationen an: Kleinhartmannsdorf 1719 – Kleinhartmannsdorf 1754 / Hartmannsdorf minor 1756 / (Hartmannsdorf) 1759 / Kleinhartmannsdorf 1764 – Chemnitz 1798

Der Meißener Stadtphysikus Traugott Wilhelm Gnauck

Traugott Wilhelm Gnauck wurde am 6. Oktober 1745 in Kleinhartmannsdorf geboren. Nach dem frühen Tod des Vaters fand er Aufnahme bei einem Onkel an der Jacobikirche Chemnitz. In Chemnitz besuchte er die lateinische Stadtschule unter Johann Georg Hager.[16] Traugott Wilhelm Gnauck wurde 1764 an der Universität Leipzig immatrikuliert und beantragte 1767 bei der Neefe-Stiftung ein Stipendium für arme Studenten.[17] Er studierte Pharmazie und Medizin bei Karl Christian Krause, Johann Christoph Pohl, Anton Wilhelm Plaz und Ernst Gottlob Bose. 1772 promovierte er in Leipzig. Der in Lauterbach geborene August Gotthelf Stöckhardt gehörte zu seinen Disputanten. Anschließend wirkte Gnauck als Arzt in Großenhain[18] und als Stadtarzt von Meißen. Er war mit Friederike Wilhelmine geb. Berthold verheiratet. 1787 kaufte er aus dem Besitz eines Bruders seiner Frau das Rittergut Kunzwerda.[19] Am 23. Dezember 1799 ist Traugott Wilhelm Gnauck verstorben. Das Rittergut kam zunächst in den Mitbesitz und

---

16   Anton Wilhelm Plaz: „De arte naturam superante". Leipzig, 1772
17   Sächsisches Staatsarchiv Chemnitz, 33175 Neefe Familienstiftung, Nr. 474
18   Karl Gottfried Theodor Chladenius: „Materialien zur Großenhayner Stadtchronik". Bd. 2, 1788
19   Gustav Paul Schräpler: „Geschichte der Parochie Wesnig". 1904

1797 ließ Traugott Wilhelm Gnauck in Kunzwerda ein neues Herrenhaus errichten. Foto: Jwaller (Wikimedia Commons, Lizenz CC BY-SA 3.0)

später ganz in den Besitz der Familie Gutmacher des zweiten Ehemannes der Witwe.[20] Es konnte nicht geklärt werden, ob es überlebende Söhne von Traugott Wilhelm Gnauck gab. Seine Tochter Caroline heiratete 1817 den damaligen Kreissekretär und späteren Bürgermeister von Eilenburg Moritz Brunner.[21] Falls sich ein Sohn im nahen Sitzenroda niedergelassen hatte, wäre der 1855 in Trossin geborene, spätere Bürgermeister von Benicia/ Kalifornien Gustav Gnauck ein Urenkel von Traugott Wilhelm Gnauck gewesen.

Auch in Nordsachsen ist der Familienname „Gnauck" selten geblieben. So findet sich im Adressbuch von Torgau 1939 kein einziger Eintrag.

Der Chemnitzer Bürgermeister Carl Benjamin Gnauck und seine Nachfahren

1759 bezog ein Carl Benjamin Gnauck die Universität Leipzig, als Herkunftsort ist Hartmannsdorf angegeben.[22] Auch wegen der wiederholten Verwechslung von Hartmannsdorf und Kleinhartmannsdorf in historischen Quellen ist es wahrscheinlich, dass es sich bei ihm um einen Enkel des Bischofswerdaer Paul Gnauck gehandelt hat. Die Geschwister waren nach dem frühen Tod des Vaters 1749 in Kleinhartmannsdorf bei Verwandten aufgenommen worden. 1767 schrieb Carl Benjamin Gnauck mit Johann Gottlieb Kreyssig „Ein wohlverdientes Zeugniß der Hochachtung dem Herrn Johann Andreas Luthern als derselbe sein Amts-Jubiläum beging" (als Rektor des Freiberger Gymnasiums). Sicher hatten die Autoren selbst das Gymnasium Freiberg bei Kleinhartmannsdorf besucht. Ab 1790 wirkte Carl Benjamin Gnauck als Steuereinnehmer und Stadtrichter[23] und ab etwa 1799 als Bürgermeister in Chemnitz. Seit 1793 war er Mitglied der kursächsischen Ständeversammlung.[24] Der aus der Niederlausitz stammende Theologe Friedrich August Un-

20   Renate & Jochen Braun, Dokumentation zur Geschichte des Ritterguts Kunzwerda (übermittelt am 25.4.2022)
21   Leipziger Zeitung, 4.12.1817
22   „Die jüngeren Matrikel der Universität Leipzig 1559–1809". 1909
23   Intelligenzblatt der Allgemeinen Literatur-Zeitung, 1790
24   Aspekte sächsischer Landtagsgeschichte. Die Mitglieder der (kur-)sächsischen Landstände (1763–1831)

Altes Rathaus Chemnitz (1837).

gust Thomas[31]. Karl Adolph Gnauck, in Chemnitz ansässig, und Benjamin Rudolph Gnauck (Penig, Frankenberg) waren vermutlich Söhne von Carl Benjamin Gnauck. Alle Chemnitzer Namensträger „Gnauck" in den Adressbüchern bis 1862 gehörten zu seiner Familie. Seine Witwe, Johanne Wilhelmine geb. Hebenstreit, ist am 2. September 1830 verstorben.[32]

ger erhielt 1807 vom Stadtrat unter Gnaucks Vorsitz die Berufung als Pastor nach Chemnitz.[25] Gestorben ist Carl Benjamin Gnauck am 28. August 1813 in Chemnitz.[26]

1778 wurde in Chemnitz Carl Benjamin Gnaucks Tochter Kunigunde Wilhelmine geboren. Sie heiratete den Leipziger Kaufmann Georg Samuel Florey.[27] Der Pfarrer Georg Robert Florey war ihr Sohn.[28] Auch drei weitere Töchter heirateten „standesgemäß": Amalie war mit dem Chemnitzer Kreisgerichtsrat Gustav Friedrich Ihle verheiratet[29], Auguste Luise ab 1814 mit Gottlieb Heinrich Martius, Diakon in Neukirchen[30], und Henriette heiratete 1822 den Chemnitzer Amtsinspektor Gottfried Au-

Die Linie Karl Adolph Gnauck in Chemnitz

Karl Adolph Gnauck besuchte um 1794 das Gymnasium in Chemnitz[33] und von 1798 bis 1801 die Universität Leipzig.[34] Später wirkte er in Chemnitz als Advokat und Ratsaktuar und er gehörte der dortigen Freimaurer-Loge „Zur Harmonie" an.[35] 1837 war seine Witwe Patin der Tochter Hermine von Karl Theodor Gnauck.[36] Karl Theodor Gnauck und Raimund Adolph Gnauck, beide in Chemnitz ansässig, waren Söhne von Karl Adolph Gnauck.

Raimund Adolph Gnauck, 1811 in Chemnitz geboren, besuchte von 1820

25   Neues lausitzisches Magazin, 1846
26   Karin Kühnelt (Nachfahrin): Mitteilung vom 20.9.2022
27   Teplitz 1840, das Tagebuch des Land- und Stadtgerichtsrats Carl von Fischer
28   Sächsische Biografie
29   Walther Fischer: „Ihle, Friedrich Moritz". Neue Deutsche Biographie, 1974
30   martius-familie.de

31   Leipziger Zeitung, 31.12.1822
32   Leipziger Zeitung, 7.9.1830
33   Christian Friedrich Scheithauer: „Viro Praenobilissimo, Amplissimo Nec Non Doctissimo ...", 1794
34   Leipziger gelehrtes Tagebuch auf das Jahr 1800
35   http://freundeskreis-schlossbergmuseum.de
36   Kirchenbuch Glösa, 1837, FamilySearch

bis 1825 das Gymnasium Chemnitz. Bis 1858 arbeitete er als Schreiblehrer an der Bürgerschule[37], wo er auch Lehrbriefe und kalligraphische Arbeiten anfertigte, dann als Kontorist. Von 1862 bis 1868 wurde er wieder als Bürgerschullehrer geführt.[38] Er wohnte lange unter der selben Adresse wie seine Mutter, die Witwe von Karl Adolph Gnauck.

Karl Theodor Gnauck beteiligte sich 1823 als Zögling der Freimaurer-Anstalt an einer Dresdner Kunstausstellung.[39] In Chemnitz wirkte Karl Theodor Gnauck laut Adressbüchern als Drechsler und Schlosser, Faktor, Kontorist in der sächsischen Maschinenbauwerkstatt, Geschäftsreisender bei Haubold jun., Expedient, wieder als Fabrikdrechsler, als Kommissionär von Maschinenfirmen sowie bis 1864 als Agent, beispielsweise für „Aders, Preyer & Co" aus Manchester.[40]

Die Linie Benjamin Rudolph Gnauck in Penig, Frankenberg, (Zwickau) und Dresden

Benjamin Rudolph Gnauck wurde im Februar 1782 in Chemnitz geboren. Er besaß in Altenhain bei Frankenberg ein Einhufengut, das er jedoch 1818 durch Konkurs verlor.[41] Verheiratet war er mit Friederika Amalia geb. Röhr.[42] Ab 1837 wirkte Benjamin Rudolph Gnauck als Steuereinnehmer in Penig.[43] 1852 heiratete seine Tochter Amalie (aus dem Chausseehaus Penig) den Feldwebel Friedrich Wachs aus Bautzen.[44] Am 6. Dezember 1859 ist Benjamin Rudolph Gnauck in Frankenberg gestorben.[45]

Der Frankenberger Kaufmann Gustav Theodor Gnauck, der Dresdner Kaufmann Rudolph Eduard Gnauck und vermutlich der zunächst für Annaberg zuständige und später ebenfalls in Frankenberg ansässige Steueraufseher Johann Gottlieb Gnauck waren Söhne von Benjamin Rudolph Gnauck. Dafür sprechen auch die Ortsangaben Frankenberg, Dresden und Stollberg in der Traueranzeige für den Vater von 1859.

37   Heinrich Eduard Lamprecht: „Erinnerungen an die Zusammenkunft ehemaliger Lehrer und Schüler des Lyceum zu Chemnitz am 6. und 7. Oktober 1845".
38   Handbuch der Kirchenstatistik für das Königreich Sachsen, 1868
39   „Verzeichniß der vom 3. August an in der Königlich Sächsischen Akademie der Künste in Dresden öffentlich ausgestellten Kunstwerke", 1823
40   Polytechnisches Centralblatt, 1862

41   Sächsisches Staatsarchiv Chemnitz, Versteigerung des Einhufengutes von Benjamin Rudolph Gnauk in Altenhain, 3008 Amt Chemnitz, Nr. 1672
42   Kirche Jesu Christi der Heiligen der letzten drei Tage, FamilySearch
43   Staatshandbücher für das Königreich Sachsen
44   Dresdner Journal, 29.4.1852
45   Leipziger Zeitung, 10.12.1859

Johann Gottlieb Gnauck wirkte 1854 als Grenzaufseher und ab 1855 als Steueraufseher.[46] Er war zunächst für Annaberg, dann im Finanzbezirk Chemnitz und bis 1885 für Limbach zuständig.[47] Sein ältester Sohn aus erster Ehe, Friedrich Moritz Gnauck, war Fleischer in Wilkau.[48] Aus der unmittelbaren Nachbarschaft zu Wilkau, der räumlichen Nähe zu Stollberg und den zeitlichen Relationen lässt sich vermuten, dass auch der zunächst in Silberstraße tätige Gottlieb August Gnauck zur Familie gehörte.

Gottlieb August Gnauck, um 1835 geboren, arbeitete in den 1860er Jahren als Amtsstraßenmeister in Silberstraße[49], wo auch seine Söhne Max (1863), Hans (1865) und Hugo (1866) geboren wurden.[50] 1874 erfolgte die Versetzung nach Zwickau.[51] 1887 wurde er mit dem Albrechtskreuz und 1899 mit dem Verdienstkreuz ausgezeichnet.[52] Sein Sohn Hugo Gnauck besuchte die Gymnasien in Zwickau und Bautzen[53], studierte und promo-

vierte in Medizin an der Universität Leipzig und war als Arzt zunächst in Clausnitz und zuletzt in Bärenwalde niedergelassen. 1900 ist er verstorben.[54] Dessen Bruder Hans, der nach dem Besuch der Realschule I. Ordnung in Zwickau an der Universität Leipzig Pharmazie[55] studiert hatte, war schon 1892 in Zwickau verstorben.[56] Ihr Vater lebte als Pensionär ab 1900 bis 1906 in Bärenwalde.[57]

Gustav Theodor Gnauck wurde am 20. November 1820 in Chemnitz geboren und einen Tag später getauft.[58] Es ist anzunehmen, dass der Vater nach dem Verlust seines Altenhainer Gutes kurz zuvor von seinen Verwandten in Chemnitz unterstützt wurde. 1844 heirateten der Sohn und Eduard Dähne in Frankenberg im Rahmen einer Doppelhochzeit die Schwestern Emilie und Julie Eckardt.[59] Gustav Theodor Gnauck war in Frankenberg Mitinhaber der Manufakturwarenhandlung Dähne & Harlan, die am Dresdner Altmarkt eine Zweigstelle unterhielt, und er en-

46   Dresdner Journal, 31.1.1855
47   Staatshandbücher für das Königreich Sachsen
48   Frankenberger Nachrichtsblatt und Bezirksanzeiger, 8.7.1874
49   Die Heimat, Nr. 81, 1921
50   Schulprogramme des Gymnasiums und der Realschule Zwickau, verschiedene Jahrgänge
51   Erzgebirgischer Volksfreund, 20.5.1874
52   Staatshandbuch für das Königreich Sachsen, 1900
53   Der Wechsel von Zwickau nach Bautzen ist vermutlich auf verwandtschaftli-

che Kontakte dorthin zurückzuführen (eine Tochter aus Penig hatte nach Bautzen geheiratet).
54   Dresdner Nachrichten, 13.9.1900, Abendausgabe
55   Archiv der Universität Leipzig
56   Leipziger Tageblatt und Anzeiger, 19.8.1892, Abendausgabe
57   Staatshandbücher für das Königreich Sachsen
58   Kirche Jesu Christi der Heiligen der letzten drei Tage, FamilySearch
59   Deutsche allgemeine Zeitung, 27.7.1844

gagierte sich für soziale und bürgerschaftliche Belange.[60] Gnauck gehörte dem Stadtrat an, wo er sich für den Ausbau von Eisenbahnverbindungen und die Gasanstalt als Voraussetzung für eine städtische Gasbeleuchtung einsetzte. Zudem war er Mitglied des Kuratoriums der städtischen Schulbehörden und einer Deputation bei der Sparkasse. Er gehörte dem Vorstand des sozialen Vereins für „Rath und That" an, war Mitglied im Gewerbeverein und er gehörte langjährig dem Kirchenvorstand an. Besonders hervorzuheben sind sein Engagement für die Ansiedelung des Mittweidaer Technikums in Frankenberg und die Gründung eines Kindergartens. Als Wilhelm Heinrich Uhland 1867 im Streit sein Technikum von Mittweida nach Frankenberg verlegte, fand er dort große Unterstützung, so auch durch Gnauck, der dem Kuratorium angehörte.[61] Allerdings erwies sich die parallele Neugründung in Mittweida schließlich als erfolgreicher. Dem Vorstand der 1870 gegründeten „Klein-Kinder-Bewahr-Anstalt" für Kinder von 2 bis 6 Jahren gehörte neben Gnauck auch seine Ehefrau Emilie an, welche die Gründung maßgeblich betrieben hatte.[62] Ende 1875 schied Gustav Theodor Gnauck

aus dem Geschäft aus.[63] 1877 wurde ihm das Ritterkreuz 1. Klasse des Albrechtsordens verliehen.[64] Gestorben ist er am 12. Januar 1878 in Dresden. Per testamentarischer Verfügung stiftete Gustav Theodor Gnauck seiner Stadt Unterstützungsfonds für Handel und Gewerbetätigkeit. Aus den Zinsen wurden beispielsweise Prämien für Frankenberger Schüler gezahlt.[65] Die 1898 in Dresden verstorbene Witwe bedachte mit einem umfangreichen Vermächtnis ebenfalls die Gnauck'schen Stiftungen.[66] Diese Stiftungen kamen unter anderem dem Frauenverein, der Gustav-Adolf-Stiftung, dem Kindergarten, dem Verein zu „Rath und That", dem Verein zur „Herberge der Heimath" und dem Missionsverein zu Gute.[67] Die Gnauckstraße in Frankenberg erinnert seit 1901 an die Verdienste von Gustav Theodor Gnauck.

Rudolph Eduard Gnauck wurde um 1820 in Chemnitz geboren.[68] Er arbeitete zunächst als Justizamtskopist und Comptorist, ließ sich aber 1855

60   Bernd Ullrich: „Vor 140 Jahren starb ein Wohltäter der Stadt Frankenberg – Gustav Theodor Gnauck". Frankenberger Amtsblatt, 5.10.2018
61   Frankenberger Nachrichtsblatt und Bezirksanzeiger, 16.3.1870
62   Frankenberger Nachrichtsblatt und Bezirksanzeiger, 22.5.1874
63   Frankenberger Nachrichtsblatt und Bezirksanzeiger, 11.1.1876
64   Zeitschrift für Rechtspflege und Verwaltung, zunächst für das Königreich Sachsen, Bd. 44, 1877
65   Leipziger Tageblatt und Anzeiger, 14.1.1879
66   Dresdner Journal, 20.3.1900
67   Leipziger Tageblatt und Anzeiger, 16.12.1898
68   Gottfried Herrmann: „Lutherische Freikirche in Sachsen". Evangelische Verlagsanstalt, 1985 (übermittelt von Andreas Drechsler, Dresden, 20.1.2020)

in Dresden als Kaufmann nieder. Er besaß zudem die Schlossmühle in Hermsdorf.[69] Rudolph Eduard Gnauck wurde vor allem für seine Lederwaren bekannt. Er gehörte ab 1857 dem Verein der evangelisch-lutherischen Glaubensgenossen in Dresden an, war von 1863 bis 1886 dessen Vorsitzender und 1868 Mitbegründer und Vorsitzender des Lutheraner-Vereins Dresden.[70] 1871 gehörte Rudolph Eduard Gnauck zu den Gründern der freikirchlichen St. Trinitatis-Gemeinde und er wirkte als deren erster Vorstand. Von 1866 bis 1872 verantwortete er die Redaktion von „Mission und Kirche". 1873 ist Rudolph Eduard Gnauck aus der St. Trinitatis-Gemeinde ausgeschieden. Er war danach noch Vorsitzender des Vereins „evangelisch-lutherischer Glaubensgenossen für innere Mission und Unterstützung Kranker und Armer" und Vorsteher des „Wilhelm-Stifts" für die Ausbildung von Kindergärtnerinnen.[71] 1887 zog er nach Pankow, wo er der altlutherischen Gemeinde angehörte und am 8. April 1892 gestorben ist.[72]

In den 1860er Jahren war eine Anna Gnauck von Friedrich Wieck in Dresden zur Konzertsängerin ausgebildet worden.[73,74] Später trat sie wiederholt in Frankenberg auf, 1871 zusammen mit einer Schwester,[75] vermutlich Clara Gnauck. Jene war aus Bordeaux gekommen und wurde zu jener Zeit unter der selben Adresse geführt wie Rudolph Eduard Gnauck. In Dresden gründete sie eine „Privatschule für Mädchen in Verbindung mit einer Fortbildungsklasse für erwachsene Töchter und einem Fröbel'schen Kindergarten".[76]

Noch in Chemnitz war am 10. Februar 1851 Rudolph Eduards Sohn Eduard Rudolf Gnauck geboren worden. Er besuchte von 1864 bis 1867 das Gymnasium St. Afra in Meißen[77], danach die Lehranstalt von Christian Friedrich Krause in Dresden und legte 1870 an der Kreuzschule das Abitur ab.[78] In Leipzig studierte Gnauck Medizin und promovierte zum Dr. med. Seine erste Arbeitsstelle erhielt Eduard Rudolf Gnauck 1876 als

69   Adreß- und Geschäftshandbuch der königlichen Residenz- und Hauptstadt Dresden, 1856
70   Gottfried Herrmann: „Lutherische Freikirche in Sachsen". Evangelische Verlagsanstalt, 1985 (übermittelt von Andreas Drechsler, Dresden, 20.1.2020)
71   Adreß- und Geschäftshandbuch der königlichen Residenz- und Hauptstadt Dresden, 1879
72   Bericht des Vorstandes der Dresdner Kaufmannschaft an die ordentliche Innungs-Versammlung, 1893
73   Cathleen Köckritz: „Friedrich Wieck: Studien zur Biographie und zur Klavierpädagogik". Olms 2007
74   Dresdner Nachrichten, 4.4.1867
75   Frankenberger Nachrichtsblatt und Bezirksanzeiger über ein Konzert zu Gunsten der Frankenberger Kinderbewahranstalt, 25.1.1871
76   Sächsisches Staatsarchiv, 10747, Kreishauptmannschaft Dresden, Nr. 2455
77   August Hermann Kreissig: „Afraner-Album". 1876
78   Programm des Gymnasiums zum Heiligen Kreuz in Dresden, 1870

Dr. Eduard Rudolf Gnauck.

Hilfsarzt in Dresden-Friedrichstadt.[79] 1878 wurde er Assistent an einer Heil- und Kuranstalt für Nervenkranke in Blankenburg. Hier vertiefte er seine Kenntnisse in den verschiedenen physikalischen Therapien, insbesondere der Hydrotherapie. In Blankenburg lernte er auch seine spätere Ehefrau Elisabeth Kühne kennen, die dort ein Erziehungsinstitut für höhere Töchter führte. 1880 ging Gnauck als Assistenzarzt an die Psychatrische Klinik der Charité nach Berlin.[80] Gnaucks wissenschaftliche Arbeiten wur-

den seinerzeit vielfach zitiert. 1883 gründete Eduard Rudolf Gnauck in Pankow eine Nervenheilanstalt. Dieses finanziell sehr ehrgeizige Projekt sollte schließlich seine Möglichkeiten übersteigen. Die 1888 geschlossene Ehe mit der später als Frauenrechtlerin berühmt gewordenen Elisabeth Gnauck-Kühne scheiterte rasch und wurde 1890 geschieden. Um den Jahreswechsel 1892/93 ließ sich Hans von Bülow, Chefdirigent der Berliner Philharmoniker, mehrere Monate bei Gnauck gegen seine chronischen Kopfschmerzen behandeln. 1895 verkaufte Eduard Rudolf Gnauck seine Nervenheilanstalt in Pankow. Ab 1898 arbeitete er am „Curhaus Hubertus" in Schlachtensee.[81] Nach 1900 ging er als leitender Nervenarzt an das Sanatorium auf dem Drachenkopf bei Eberswalde.[82] 1907 ließ sich Eduard Rudolf Gnauck mit eigener Praxis in Bremen nieder, wo er sich auf physikalische und diätische Therapien spezialisierte.[83] Während des Ersten Weltkriegs diente Gnauck freiwillig als Regimentsarzt an der Front. Er hatte noch ein zweites Mal geheiratet. Eduard Rudolf Gnauck ist am 30. Januar 1938 verstorben.[84]

79   Festschrift zur Feier des fünfzigjährigen Bestehens des Stadtkrankenhauses zu Dresden-Friedrichstadt, 1899
80   Hubertus Averbeck: „Von der Kaltwasserkur bis zur physikalischen Therapie". Books on Demand, 2013

81   Alma Kreuter: „Deutschsprachige Neurologen und Psychiater". Gruyter, 2013
82   Leipziger Tageblatt und Handelszeitung, 28.5.1907
83   Adressbücher der Hansestadt Bremen
84   Afranisches Ecce, Bd. 43, 1938

Der kalifornische Bürgermeister Gustav Gnauck und seine Abstammung aus der Oberlausitz

Gustav Gnauck wurde am 5. September 1855 in Trossin in der damaligen preußischen Provinz Sachsen geboren.[1] Seine Familie betrieb dort ein Gasthaus und war 1825 aus Sitzenroda gekommen.[2] Aufgrund der geringen räumlichen Entfernung von Kunzwerda könnte vermutet werden, dass es sich dabei um Nachfahren von Traugott Wilhelm Gnauck aus der Bischofswerdaer Linie gehandelt hat. Im ebenfalls sehr nahen Wurzen waren aber im 18. Jahrhundert Weickersdorfer Gnaucks ansässig. Der Amts-, Land- und Gerichtsschöppe Christoph Gnauck, 1725 in Weickersdorf geboren, ein Bruder des Freirichters Andreas Gnauck und Großvater des späteren Gemeindevorstands Carl Christoph Gnauck, ist 1763 auf Besuch bei seinem Bruder Gottfried (1728–1787) in Wurzen verstorben.[3]

Gustav Gnauck besuchte bis 1864 das Gymnasium in Torgau.[4] 1874 emigrierte er auf der „Thuringia" von

Gustav Gnauck (1897).

Hamburg aus in die USA. Er ließ sich zunächst in Detroit/Michigan nieder, ab 1875 arbeitete er im kalifornischen Benicia in der Brauerei von John Rüger.[5] Zusammen mit einem Geschäftspartner übernahm er 1880 die Brauerei. 1881 heiratete Gnauck die geborene Schweizerin Emilie Voegeli, die geschiedene Ehefrau von John Rüger.[6] Im Jahr darauf ließ er sich einbürgern. 1884 zahlte Gustav Gnauck seinen Partner aus, wurde Alleininhaber und holte seinen Bruder Wilhelm

1   United States Passport Applications 1795–1905, Washington D.C., National Archives and Records Administrat., FamilySearch
2   Renate Klausnitzer: „Zwischendurch sogar Kino und Bürgermeisteramt. Die ehemalige Gaststätte der Familie Gnauck in Trossin an der Falkenberger – Ecke Dahlenberger Straße hat eine lange Geschichte". Torgauer Zeitung, 11.2.2016
3   Kirchenbuch Wurzen, FamilySearch
4   Schulprogramme des Gymnasiums zu Torgau (ohne Angabe des Vornamens)
5   James Miller Guinn: „History of the State of California and Biographical Record of Coast Counties". 1904
6   California Marriages 1850–1945, FamilySearch

Emilie Gnauck (1901).

(1862–1925) in die USA nach[7], der als Braumeister für ihn arbeitete und sich für die sozialdemokratische Partei engagierte. Zur Familie gehörten auch die beiden Stiefsöhne Theodor und Gottfried Rüger. 1897/1898 war Gustav Gnauck Bürgermeister von Benicia[8], als „Trustee" diente er seiner Stadt 12 Jahre. Neben seiner Brauerei war er in einem Minenunternehmen als Präsident und einem Fährunternehmen als Vize-Präsident engagiert. Zur Zeit der Prohibition stellte die Brauerei Gnauck auf Soda um. Gustav Gnauck war Freimaurer bei den Royal Arch Masons.[9] Am 14. September 1921 ist er in San Francisco gestorben.[10] Mit seiner Tochter Emilie, geboren am 11. Januar 1882 in Benicia, besuchte er 1897 Deutschland. In Leipzig ließ sich Gustav Gnauck überzeugen, seiner Tochter ein Musikstudium zu ermöglichen. Emilie studierte vier Jahre am Leipziger Konservatorium Klavier bei Robert Teichmüller. 1901 legte sie ihre Prüfung mit einem Stück von Ludwig van Beethoven ab (op. 37).[11] Nach ihrer Rückkehr nach Kalifornien ist sie mehrfach erfolgreich als Konzertpianistin aufgetreten. Um 1909 war Emilie Gnauck an der University of California in Berkeley eingeschrieben.[12] 1915 heiratete sie den Chemiker George Dunlap McLaughlin.[13] Später lebten sie in Cincinnati/Ohio und Racine/Wisconsin, wo Emilie als Musiklehrerin arbeitete.[14] Am 2. Dezember 1965 ist Emilie Gnauck in Sonoma/Kalifornien gestorben.[15]

---

7   United States Census 1900, FamilySearch
8   „Words from North and South", San Francisco Call, 31.3.1897
9   Proceedings of the Grand Chapter of Royal Arch Masons of the State of California at its Annual Convocation, 1910
10   „Benicia Pioneer Funeral Planned", San Francisco Call, 16.9.1921
11   „Returns from Germany, famed as a Musician", San Francisco Call, 8.9.1901
12   Register of the University of California, Berkeley, 1909
13   Charles H. Behre jr., David B. Eisendrath: „George Dunlap Mc Laughlin 1887–1945". Science, 5.4.1946
14   Proceedings of the Music Teachers' National Association, Bd. 58, 1934
15   California Death Index, 1940–1997, FamilySearch

Eine Familie Gnauck aus Burkau, ihre Verbreitung über das Vogtland und Emigration in die USA

Johann Christoph Gnauck, 1770 in Burkau geboren, arbeitete um 1800 als Schäfer auf dem Rittergut Netzschkau im Vogtland, zunächst unter Friedrich Wilhelm August Carl von Bose, dann unter Moritz Levin Friedrich von Schulenburg. 1816 pachtete Gnauck das Rittergut, später besaß er ein eigenes Gut in Gottesgrün, wo er 1824 verstorben ist. Seine Nachfahren waren vor allem in Netzschkau, Irchwitz bei Greiz, Elsterberg und Fraureuth ansässig. Johann Christoph Gnaucks Vorfahren sind ab etwa 1600 über fünf Generation als Bauern in Burkau bei Bischofswerda nachgewiesen.[1]

In Westsachsen ist der Familienname „Gnauck" in der Folgezeit selten geblieben. Noch 1854 findet sich in den Adressbüchern von Zwickau und Plauen kein einziger Eintrag.

Die Familie des Chemnitzer Handschuhfabrikanten Eduard Gnauck

Der in 1799 in Netzschkau geborene Johann Gottlieb Gnauck, ein Sohn von Johann Christoph Gnauck, wirkte als Kaufmann in Fraureuth.[2] Der Fabrikant Eduard Gnauck und Heinrich Gnauck gehörten zu seinen Söhnen.[3]

Heinrich Gnauck, 1831 geboren und Schüler der Plauener Baugewerkenschule bis 1850[4], wurde 1889 als Bahnmeister in Zwickau mit dem Albrechtskreuz ausgezeichnet.[5]

Eduard Gnauck war am 5. Oktober 1825 in Irchwitz geboren worden.[6] Er wirkte zunächst als Textilkaufmann in Limbach und gründete dort 1853 seine zunehmend auf Handschuhe spezialisierte Fabrik.[7] 1854 heiratete er Ernestine Therese Eschke, die Tochter eines Oberförsters in Grüna.[8]

1   Werner Gnauck: „Zur Familienforschung Gnauck aus Burkau und Irchwitz. Nachfahren des Paul Gnauck (ca. 1590 – vor 1638)". Sächsisches Staatsarchiv Leipzig
2   Werner Gnauck: „Zur Familienforschung Gnauck aus Burkau und Irchwitz. Nachfahren des Paul Gnauck (ca. 1590 – vor 1638)". Sächsisches Staatsarchiv Leipzig
3   Werner Gnauck: „Zur Familienforschung Gnauck aus Burkau und Irchwitz. Nachfahren des Paul Gnauck (ca. 1590 – vor 1638)". Sächsisches Staatsarchiv Leipzig
4   Programm zu den am 26. und 27. März 1850 erfolgenden Prüfungen der Schüler der Königl. Gewerb- und Baugewerkenschule in Plauen
5   Leipziger Tageblatt und Anzeiger, 24.4.1889
6   Werner Gnauck: „Zur Familienforschung Gnauck aus Burkau und Irchwitz. Nachfahren des Paul Gnauck (ca. 1590 – vor 1638)". Sächsisches Staatsarchiv Leipzig
7   Leipziger Monatsschrift für Textil-Industrie, 12.8.1903 (zum 50 jährigen Firmenjubiläum)
8   Dresdner Journal, 16.11.1853 (Verlobungsanzeige)

Seine Produkte präsentierte Eduard Gnauck anlässlich der Weltausstellung 1855 in Paris.[9] 1862 ließ er sich in Chemnitz nieder.[10] Um 1874 hatte die Firma bereits etwa 100 Mitarbeiter.[11] Seine Söhne baute er frühzeitig als Nachfolger auf. Ernst Richard Gnauck war an der Universität Genf als Assistent für kleine Philosophie angestellt[12], bevor er 1878 in das Chemnitzer Familiengeschäft eintrat. Carl Arthur Gnauck, am 4. Januar 1859 in Limbach geboren, trat 1881 in das Geschäft ein. 1882 heiratete Eduard Gnaucks Tochter Eugenie den Leipziger Kaufmann Albert Marx[13] und begründete mit ihm die Familie Marx-Gnauck. Am 16. Juni 1884 ist Eduard Gnauck in Chemnitz verstorben.[14] Die Nachfolge traten seine Söhne Ernst Richard und Carl Arthur zusammen an. Letzterer war von 1874 bis 1877 an der Öffentlichen Handels-Lehranstalt in Chemnitz[15] und dann

bis 1880 an der Universität Genf[16] ausgebildet worden. 1893 beteiligte sich die Firma an der Weltausstellung in Chicago.[17] Ab 1896 führte Carl Arthur Gnauck die Geschäfte allein. Am 25. März 1903 ist er in Würzburg verstorben. Die Firma erbte sein noch minderjähriger und später in Liegnitz ansässiger Sohn Horst Gnauck, der 1913 verstarb. Ab 1920 war die Firma im alleinigen Besitz der Witwe von Carl Arthur Gnauck, Ida Margarethe Alice geborene Hummitzsch, wieder verheiratete von Hake in Weimar.[18]

Der Flugpionier Paul Benjamin Gnauck in Milwaukee und seine Familie

Paul Benjamin Gnauck wurde am 4. November 1891 in Reichenbach/Vogtland als Sohn des Gastwirts Carl August Gnauck vom „Deutschen Adler" geboren.[19] Der Vater war 1850 in Irchwitz als Sohn eines dortigen Gastwirts und Bauern und als Urenkel des Netzschkauer Johann Christoph Gnauck geboren worden.[20] 1898,

9   Georg von Viebahn: „Amtlicher Bericht über die Allgemeine Pariser Ausstellung von Erzeugnissen der Landwirthschaft, des Gewerbefleißes und der schönen Kunst im Jahre 1855".
10   Sammlung der deutschen Handels-Register, Bd. 1, 1862
11   Christoph Sandler: „Handbuch der Leistungsfähigkeit der gesammten Industrie Deutschlands, Oesterreichs, Elsass-Lothringens und der Schweiz". Bd. 2, Hermann Wölfert, 1874
12   Liste Des Autorités, Professeurs, Assistants Et Étudiants De L'Université de Genéve, 1876
13   Dresdner Journal, 28.10.1882
14   Chemnitzer Anzeiger und Stadtbote, 28.6.1884
15   Jahresberichte der Öffentlichen

Handels-Lehranstalt zu Chemnitz, 1874–1877
16   Suzanne Stelling-Michaud: „Le Livre du recteur de l'Académie Genève: 1559–1878". 1959
17   „World's Columbian Exposition, Chicago, Catalogue, Exhibition of the German Empire". 1893
18   Sächsische Staatszeitung, 12.1.1921
19   Adreß- und Geschäfts-Handbuch der Voigtländischen Städte Reichenbach, Mylau, Netzschkau, Lengenfeld, Treuen und Auerbach, 1877
20   Werner Gnauck: „Zur Familienforschung Gnauck aus Burkau und Irchwitz.

Milwaukee war um 1900 ein Zentrum der deutschen Einwanderung.

ein Jahr nach dem Tod des Vaters, reiste Paul Benjamin Gnauck erstmals in die USA ein, vermutlich mit seiner Stiefmutter Johanne Sophie geb. Müller aus Schneidenbach. In New York lebte sein früh ausgewanderter Onkel Gustav Gnauck. Die endgültige Einwanderung von Paul Benjamin Gnauck in die USA erfolgte 1907 über New York.[21] Paul Benjamin Gnauck wird heute zu den frühen Flugpionieren gezählt. 1913 gründete er mit Jack Vilas in Milwaukee den Wisconsin Aero Club.[22] Ihr Wasserflugzeug startete und landete am Strand des Lake Michigan. 1914 sollte ein Flugzeug ihres Clubs den See überqueren, stürzte aber ab. Sein überlieferter Spitzname „Doc the German Aviator" lässt auf eine vorherige akademische Ausbildung schließen. Im Ersten Weltkrieg diente Gnauck in der US-Armee als Pilot. Sein in Deutschland verbliebenes Geld wurde als „feindliches Ver-

mögen" behandelt.[23] Gesundheitsbedingt musste Gnauck später das Fliegen aufgeben. Seit etwa 1920 war er mit der Lehrerin Johanna geb. Syring aus Kolberg/Pommern verheiratet.[24] Beide Halbschwestern von Paul Benjamin Gnauck waren in Greiz verheiratet (Marie Bodenschatz, Klara Heinz). Nachdem Klara 1918 verstorben war, holte er seine Stiefmutter 1923 in die USA.[25] 1930 promovierte sein Neffe Herbert Heinz an der Universität Jena mit einer Arbeit zur Mineralogie der Achate.[26] Ende der 1930er Jahre zog die Familie Gnauck auf eine Farm in Granville bei Milwaukee, 1947 brannte ihr Farmhaus ab. Paul Benjamin Gnauck starb am 17. August 1953 in Milwaukee. Seine

Nachfahren des Paul Gnauck (ca. 1590 – vor 1638)". Sächsisches Staatsarchiv Leipzig
21   https://www.ancestrylibrary.com/family-tree/ (Paul Benjamin Gnauck), 2.20.2017
22   https://www.wisconsinaviationhalloffame.org/

23   Hermann Nieders: „Bericht des deutschen Treuhänders für das feindliche Vermögen über die Behandlung des amerikanischen Vermögens in Deutschland". 1921
24   https://www.ancestrylibrary.com/family-tree/ (Erna Johanna Mathilda Syring), 2.10.2017
25   New York Passenger Arrival Lists (Ellis Island) 1892–1924, FamilySearch
26   Herbert Heinz: „Die Entstehung der Achate, ihre Verwitterung und ihre künstliche Färbung". Dissertation Universität Jena, 1930

Ahnenliste Paul Benjamin Gnauck
(nach Werner Gnauck, Irchwitz)

1 Paul Gnauck (Bauer in Burkau, * um 1590, † vor 1638)
2 Hans Gnauck (Bauer in Burkau, * um 1615, kaufte 1638 das väterliche Gut)
3 George Gnauck (Bauer in Burkau, um 1670, † vor 1728)
4 Andreas Gnauck (Burkau, * um 1710)
5 Andreas Gnauck (Häusler und Leineweber, *7.11.1739 Burkau, †28.6.1818 Burkau)
6 Johann Christoph Gnauck (Schäfer, Rittergutspächter in Netzschkau, Gutsbesitzer in Gottesgrün, *5.1.1770 Burkau, †2.4.1824 Gottesgrün)
7 Johann Christoph Gnauck (Ökonomieverwalter in Netzschkau, Gutsbesitzer Irchwitz, *12.12.1801 Netzschkau, †26.7.1837 Irchwitz)
8 Johann August Gnauck (Fleischhauer, Bauer und Gastwirt in Irchwitz, *29.7.1827 Irchwitz, †1.9.1889 Irchwitz)
9 Carl August Gnauck (Hotelbesitzer in Reichenbach, *19.3.1850 Irchwitz, †22.4.1897 Reichenbach)
10 Paul Benjamin Gnauck (Flugpionier)
11 Doris Gnauck-White (Wissenschaftlerin)

Witwe, Johanna Gnauck, verfasste 1960 an der University of Wisconsin „Prognoses of Scholarly Potentials from a Study of 180 Milwaukee Junior High School Students". 2001 wurde Paul Benjamin Gnauck posthum mit der Aufnahme in die „Aviation Hall of Fame" in Oshkosh geehrt. Sein Nachlass wird von der Milwaukee County Historical Society aufbewahrt.

Paul Benjamins Tochter Doris Gnauck (24. Dezember 1926 Milwaukee – 19. November 2001 Hardwick/Massachusetts)[27] musste wegen der Krankheit des Vaters und nach dem Brand des elterlichen Farmhauses in Granville früh Verantwortung für die Familie übernehmen. Nach dem Besuch der Shorewood High School[28] bezog sie 1945 mithilfe eines Stipendiums die University of Wisconsin in Madison. Sie kümmerte sich zudem leidenschaftlich um das Geflügel auf der elterlichen Farm und veröffentlichte 1946 das Cartoon „Chick Doctor".[29] Insgesamt zog sie 25000 Hühner, Enten, Gänse und Truthähne

27   https://www.ancestrylibrary.com/family-tree/ (Doris Kathryn Mae Gnauck),
2.10.2017
28   The Milwaukee Journal, 30.8.1944
29   Luby Pollack: „The Little Doc". Collier's Weekly, 23.2.1946

auf.[30] Doris Gnauck musizierte an der Universität im Sinfonie-Orchester (sie blies Horn)[31], engagierte sich wie ihre Mutter im 4-H-Club für die Belange der Landjugend und gehörte dem „Saddle und Sirloi-Club" an. 1947 wurde sie von dieser Studentenorganisation für Tierwissenschaften für ein Essay ausgezeichnet.[32] Im selben Jahr erlangte sie die Lehrberechtigung für die Agrarwissenschaften, konnte aber den Beruf einer Landwirtschaftslehrerin trotzdem nicht ausüben, vermutlich wegen ihres jungen Alters und möglicherweise weil sie eine Frau war. Sie arbeitete stattdessen auf der Versuchsstation der Universität und untersuchte Gendefekte, die Wirkung von Hormonen und die Folgen von Vitaminmangel. In einem Militärgefängnis und an der Waunakee High School unterrichtete sie Naturwissenschaften. Doris Gnauck erforschte die biochemischen und biophysikalischen Grundlagen der Landwirtschaft und des Gartenbaus vor allem unter genetischen Gesichtspunkten, beispielsweise hinsichtlich der Resistenz von Getreide. Ihre Promotion 1956 an der University of Wisconsin[33] war ihre insgesamt vierte Graduierung mit je zwei Bachelor/Master- und PhD-Arbeiten.[34] 1960 wurde Doris

Doris Gnauck (1946, University of Wisconsin, fair use).

Gnauck zur Professorin für Mathematik und Naturwissenschaften an der William Patterson University in Wayne berufen. Sie widmete sich zunehmend der Umweltforschung. Doris Gnauck gelang eine erfolgreiche wissenschaftliche Karriere, als dies für Frauen in den USA noch keine Selbstverständlichkeit war.[35] Sie war bis zur Scheidung 1986 mit Donald Lawrence White verheiratet, der bei AT & T

30   Together, Magazine for Methodist Families, April 1967
31   Wisconsin Badger, Vol. 60, 1945
32   Wisconsin Badger, Vol. 62, 1947
33   George Richard: „Wisconsin alumnus". Vol. 56, Nr. 9, 1955
34   Hunterdon County, Cultural & Heritage Commission: „Notable Women

throughout the History of Hunterdon County". 2000
35   Floyd J. Doering: „Twenty Five Years Ahead of Her Time". A History of Vocational Agriculture/agribusiness in Wisconsin Secondary Schools, 1900–1976

lithografische Verfahren entwickelte. Ab 1985 war Doris Gnauck Mitglied der „New Jersey Teachers Association", die seit 2002 mit einem Stipendium an sie erinnert.[36] Sie gehörte der Methodistischen Kirche an.

Nachfahren des Kaufmanns Carl Eduard Gnauck im oberen Mittelwesten der USA

In Waupun, in der Nähe von Milwaukee, lebte Ende des 19. Jahrhunderts der Kaufmann Carl Eduard Gnauck, sicher ebenfalls ein Nachfahre der Netzschkauer Gnaucks. Ein Carl Gottlob August Gnauck, am 27. März 1817 in Netzschkau als Sohn des Rittergutspächters Johann Christoph Gnauck in dessen zweiter Ehe geboren, soll in Elsterberg ansässig gewesen sein.[37] Carl Eduard Gnauck war am 3. März 1851 im Elsterberg geboren worden[38] und hatte vor seiner Auswanderung wie sein zwei Jahre vor ihm in Elsterberg geborener Bruder Franz in Eisleben[39] gelebt. Laut Einbürgerungsunterlagen von 1884[40] ist er 1883 in die USA eingewandert, wobei eine anderslautende Angabe (1881) darauf hindeutet, dass er möglicherweise schon zuvor einmal in die USA eingereist war. Ihren bereits in Deutschland, vermutlich in Eisleben, geborenen Sohn Felix George Gnauck brachte die Familie mit in die USA. 1903 hat sich die Familie Eduard Gnauck in Dickey / North Dakota niedergelassen[41], wo sie mit vier in Wisconsin geborenen Töchtern wohnte.[42,43] In Milwaukee lebte Carl Eduard Gnaucks Schwester Friedericke Louise verh. Lippold (1843 in Elsterberg geboren).[44] 1915 verlor er seinen Sohn Felix George Gnauck frühzeitig.[45] Gestorben ist Carl Eduard Gnauck 1939. Er wurde in Waupun bestattet.[46]

Felix George Gnauck sen. war 1879 in Deutschland geboren worden und 1883 mit seinen Eltern in die USA eingereist.[47] Er hatte in Minnesota geheiratet. In Redwood Falls ließ er sich mit einem Handelsgeschäft nieder. Zudem war er Mitglied einer „Petit Jury".[48] 1911 verkaufte er sein

36   New Jersey Science Teachers Association Doris White Memorial Scholarship Recipients, https://wwwnjsta.org/
37   Werner Gnauck: „Zur Familienforschung Gnauck aus Burkau und Irchwitz. Nachfahren des Paul Gnauck (ca. 1590 – vor 1638)". Sächsisches Staatsarchiv Leipzig
38   Biographies from the 1906 History of Oakes
39   Volkszählung 1866–1868, FamilySearch
40   Wisconsin, County Naturalization Records, 1807–1992, FamilySearch
41   Biographies from the 1906 History of Oakes
42   Waupun Historical Society: „Waupun Directory 1898".
43   „Early History of the Oakes Community, Dickey County and North Dakota". 1906
44   Wisconsin Births an Christenings, 1826–1926, FamilySearch
45   The Oakes Times, 12.8.1915
46   Find a Grave Index, FamilySearch
47   United States Census, 1910, FamilySearch
48   The Redwood Gazette, 14.3.1911

Geschäft und zog nach Kilbourn in Wisconsin.[49] Felix George Gnauck sen. ist am 6. August 1915 in Wisconsin Dells gestorben.[50]

Felix George Gnauck jun. wurde am 5. Dezember 1910 in Redwood Falls geboren.[51] Er besuchte nach dem frühen Tod des Vaters die Kilbourn High School. Als Chefreakteur verantwortete er die Herausgabe der Schülerzeitschrift „The Arrow". Er fungierte als Klassensprecher („president"), spielte Posaune im Schulorchester und war sportlich aktiv.[52] Die University of Wisconsin in Madison besuchte er bis 1935.[53] Felix George Gnauck jun. war ein bekannter Techniker. Er arbeitete als Produktionsdirektor bei der Firma Donaldson Comp. in Shakopee / Minnesota und besaß ein Patent für einen Schneepflug.[54] Felix George Gnauck jun. ist am 13. Juli 1996 in Beaver Grove, Marquette / Michigan verstorben.[55] Gary Edward Gnauck und Brian George Gnauck waren seine Söhne.

Gary Edward Gnauck wurde am 27. Januar 1938 in Milwaukee geboren.[56]

Felix George Gnauck jun. (1928).

1960 erwarb er an der University of Minnesota den Bachelor in Forstwissenschaften. Hier engagierte er sich zudem für die Wissenschaftskommunikation, beispielsweise als Vorsitzender des „Forestry Clubs".[57] 1961 heiratete er in St. Paul / Minnesota die Tochter Natalie des ukrainischen Wissenschaftlers Alexander Granovsky.[58] Im Berufsleben machte sich Gary Gnauck einen Namen mit Arbeiten auf dem Gebiet der Erdfernerkundung mittels Sensoren mit Anwen-

49   The Redwood Gazette, 21.11.1911
50   The Oakes Times, 12.8.1915
51   Sila Lydia Bast: „The Bast Genealogy and Related Families". 1971
52   The Arrow, 1928
53   Wisconsin Badger, Vol. 50, 1945
54   Official Gazette of the United States Patent Office, 1952
55   Michigan Todesindex, 1971–1996, FamilySearch
56   Sila Lydia Bast: „The Bast Genealogy and Related Families". 1971
57   Gopher Peavey. Alumni news of the forestry students 1960, University of Minnesota (mit mehreren Beiträgen von Gary Gnauck)
58   Who we are: A genealogy of our family. 1974 (Familie Granovsky)

dungen in der Landwirtschaft und im Ressourcenmanagement. 1979 erwarb er an der University of Michigan seinen Master mit der Arbeit „Utility of Site-looking Radar Systems to Provide Information on Vegetation Resources". Gary Gnauck arbeitete in Sunnyvale/Kalifornien für die Firma „Electromagnetic Systems Laboratory", die auch im Auftrag der NASA forschte.[59] In Oregon beteiligte er sich an der Entwicklung von Konzeptionen zum Schutz vor Waldbränden.[60]

Brian George Gnauck wurde am 15. Februar 1941 in Milwaukee geboren.[61] Er studierte Agricultural Business Administration an der University of Minnesota[62], wo er auch promovierte. Über 40 Jahre, ab 1972, lehrte er an der Northern Michigan University in Marquette. Brian Gnauck hatte als Professor den Lehrstuhl für Marketing inne, wirkte an der Universität als Abteilungsdirektor und als Dekan.[63]

Professor Brian Gnauck anlässlich seiner Auszeichnung mit dem „Distinguished Faculty Award" (2016, mit freundlicher Genehmigung von Kristi Evans, News Director Marketing and Communications, Northern Michigan University).

Die Brüder Gary und Brian Gnauck unternahmen in ihrer Freizeit ausgedehnte Kanu-Exkursionen durch die Wildnis Kanadas.[64] Sie sind beide im Jahre 2019 verstorben.[65]

59   NASA Conference Publications 2147–2149, 1980
60   Jackson County Integrated Fire Plan, 2006
61   Sila Lydia Bast: „The Bast Genealogy and Related Families". 1971
62   The University of Minnesota announces its March Commencement, 1963
63   Kristi Evans: „Distinguished Faculty Awards Presented". 2016

64   Cliff Jacobson: „Canoeing Wild Rivers: The 30th Anniversary Guide to Expedition Canoeing in North America". 2015
65   Fred Nelson: „The Thlewiaza-Seal Rivers. Challenge on the Ice". Balboa Press, 2021 (Widmung des Buches: „In Memory of Gary Gnauck and Brian Gnauck")